不弯的脊梁

著名教育家刘达传

● 虹 静 著

人民出版社

著名教育家刘达（1911—1994）

代序

　　马家故地，东农新府，先长刘达，伟容既成。亲戚捧卷，传先生之宏愿；后学汇聚，慕先生之遗风。

　　先生一生，粲若金星。廿五入党，满怀爱国之志；雁北杀敌，尽酬救民之情。旌旗动鞑虏清，千里行驻冰城；无纤毫之所取，有安市之奇功。戊子庚申，云霓在望。先生赴任，为国育英。披荆斩棘，东农学基始奠；夙兴夜寐，农教事业日兴。先生长校东农，十年有成。农学名师汇聚，若川归海；教改经验推广，风行影从。农机兽医，渐有反响；畜牧农学，初现峥嵘。然，未报雨露之恩，先生业已成行，建东林主黑大，一身一人。又有科技大学，亦德于先生。更举华发之年，再造清华雄风。

　　先生为人，一身清正。阳春有脚，关切话语殷殷；青松傲雪，硬汉铁骨铮铮。实事求是，唯才是举。先有反右直言，后有文革抗争。直面两个"凡是"，先生一脸正容。

　　呜呼！天道无常，春秋不复。先生弃世，业已十载。先生之德，莫不感戴。遂有铜像，始铭于是。怀德思远，没齿难忘。晚生不才，难及膝踵。谨记此言，以告吾辈。

李庆章
甲申年丙子

目录

青春
岁月

一、苞米秆子里的新郎官

三百多年以前的一个夜晚，一群身体瘦弱、衣衫褴褛的士兵被另一群魁梧高大、骑马挎弩的士兵驱赶着来到北方这片遥远蛮荒、人烟稀少的松嫩平原。他们就是从云贵高原发配至辽宁转而又流放到黑龙江的吴三桂的部属。从此，这一人群将生活在当时雄踞北方的满、蒙、达斡尔、柯尔克孜、锡伯等十几个少数民族之间，这便是古驿站的"站丁"。

清政府在黑龙江设驿站初期，为使"站丁"人口得以繁衍生息，遂拨银两为"站丁"买妻。但"站丁"的社会地位却极其低下，不许读书走仕途。"站丁"越百里者砍头，其家属的生产、生活范围也规定在4公里以内。宣统元年（1909年），清政府"裁驿归邮"，准"站丁"改为民籍，"站丁"地位有所改善。

相传当年吴三桂有一支刘姓的亲兵被发配到黑龙江省肇源县新站村，这支亲兵的首领就是刘达的先人。而刘达的旁系亲属依据这段历史，改了民族，有改为苗族的，还有改做白族的。但是刘达直系家族，没有一个改民族的。

新站村位于黑龙江省西部，松嫩两江左岸，这里山青水秀，地美鱼肥。

刘达的父亲是当地的地主，大家都叫他刘老爷。

刘家祖辈住的院子叫刘家老院。老院很大。

刘老爷是过继到叔父家的，他继承了叔父的所有财产。而其他刘姓家族成员因几次分家，家业越分越少，渐渐地，刘老爷就成了全村最富有的人。刘老爷四十多岁时，太太已生养了三个女儿，他很想要个儿子。

1911年2月的一天，北风呼啸着，刘家老院里却灯火通明。刘老爷坐在堂屋的四方桌前，手里端着白瓷青花茶杯，眼睛盯着养父的灵位，一脸忧愁。刘太太近日就要临产，而鼠疫之灾正蔓延东北平原，且波及河北、山东等地。患病较重者，往往全家毙命，前来执行任务的员役兵警也相继死亡。这个时候孩子要出生，新生儿的体质没有任何防疫能力，会不会有生命危险？刘老爷正担心得要命，忽听接生婆的声音从卧室里传来：老爷，太太生了个小子！

刘老爷的心一下子提到了嗓子眼儿，咕咚咕咚地跳了半天，似乎是一阵紧张，又似乎是剧烈的兴奋。他颤抖地放下茶杯，走到养父的灵位前"扑通"跪下说，爹，我们家终于有后了！您可要保佑他们母子平安啊！

常言道，平安就是福。刘老爷中年得子在高兴之余又多了几分担忧，他托人到城里买了最好的防疫药品放在家里备用，还安排专人伺候太太和儿子，每天进进出出的人都要消毒。也许刘达生来就带有抗体，他出生在鼠疫流行的高峰期，却安然无恙。刘老爷本想在村里大摆宴席，宴请四里亲朋以示祝贺，但是担心会把传染病带到家里，所以他只是让厨房准备些酒菜自己高高兴兴地喝了几杯。

刘老爷给儿子取名为刘成书。希望他长大后考取功名光宗耀祖，报效国家。

鼠疫疫情得到控制后，刘老爷因喜得贵子在新站村盖了间大瓦房。这是村里唯一一间用青砖砌四角的大瓦房，加上上好的松木门窗，远处观望，别提有多气派！这间房子日后成了刘太太挂在嘴边的故事，在她晚年经常跟孙子们提起。

大瓦房子落成时，全村的人都前来刘家大院参观。刘老爷还请了村里有名望的乡里在瓦房前照了一张相片，又在房前摆酒设筵，答谢乡邻。

刘家院里院外锣鼓喧天，好不热闹。大瓦房门前有一大片园子和一个池塘，刘太太称它为南水园子。南水园子夏天可取水浇地，冬天可供孩子们滚冰抽尜。自然也就成了新站村的一道风景。刘成书8岁时刘老爷把他送进了私塾。在私塾里，他从《三字经》、《百家姓》、《增广贤文》、《幼学琼林》开始入门，然后攻读《诗经》、《论语》。刘成书天资聪颖，好学善问，很快把这些书学得滚瓜烂熟，深得教书先生的喜爱。在家乡受到的教育，不仅使刘成书养成了勤学好问的习惯，还培养了他"鉴古识今"的能力。他喜欢听先生讲历史，喜欢跟先生谈古论今，喜欢在分析问题的同时提出问题，并找到答案。

刘成书从小就喜欢动脑、动手做事，不管什么事都充满好奇心。他喜欢到厨房看大人做鱼，观察怎样剖鱼，怎样喂盐，怎样改刀，怎样下锅，用多大的火，多长时间把鱼炖熟。有时候，他还亲手做鱼吃。所以他不仅能记住很多鱼的名字，还能说出烹饪方法。

刘成书的父亲很溺爱他，不让他下地干活。可他对种地特别好奇，总是偷偷跑到地里去看长工怎么种庄稼。有一次他看见长工们往地里运粪，就问长工为什么要把粪弄到地里去，粪是臭的，种出来的庄稼会不会臭。长工笑着说，粪是最好的肥料，把它沤透了，放到土里，土壤就会变得有营养，种出来的庄稼才会肥壮。因为刘成书好问，在他很小的时候就掌握了很多种田施肥的小窍门。

一晃，刘成书十五岁了。这年春暖花开，刘老爷按照习俗给儿子刘成书挑选了一个十九岁的姑娘。典礼那天，全村设宴，张灯结彩，礼炮声声，唢呐悠扬。刘成书身穿新长袍，身披大红花，头戴瓜皮帽，喜洋洋、美滋滋的。新娘子看上去满文静的，他却不理睬她。他穿着新衣服到处乱跑，看见这里贴了喜字跑过来用手指头抠抠，看见那里贴了窗花做个鬼脸，看见舞狮子、扭秧歌，他就跑过去跟着舞跟着扭。他笑着闹着，真是有趣极了！新站村好久没有这么热闹了，年长的、年幼的都向他敬酒，几杯酒下肚后，刘成书觉得脚有点儿轻，头有点儿重，身子有些燥热，走起路来轻飘飘的，好似腾云驾雾一般，于是他想找个地方凉快凉快。

大家光顾着忙活喜庆了，谁也没注意新郎官干嘛去了，直到掌灯

时分，才有人发现新郎不见了，忙四
处寻找。整个村子都翻遍了也没有找
到。刘老爷担心得直跺脚。

这时，有一个长工说在房子后面
多了一堆苞米秆子，里面好像有人在
打呼噜。刘老爷赶紧跑过去叫人扒
开，刘成书在里面睡得正酣畅淋漓。

虽然娶了媳妇，但是刘成书更多
的时间是在读书。因为新站村离城市
还有一定的路程，所以城市的喧嚣与
战火，几乎没有影响到刘成书的
成长。

刘达中学时代（沈阳中山中学）

二、爱国思想点燃青春热血

1929 年，黑龙江省齐齐哈尔省立第一师范学校到新站村招生，刘
成书想报名。因他从小念的是私塾，不能直接参加省立学校的考试，
所以只好改用堂兄刘成栋的名字参加考试，并由此更名为刘成栋。

刘成栋考入黑龙江省立第一师范学校（初中一年级），排在 29 级。
他入学后跟韩殿业（原东北林业大学图书馆馆长）、王喜明、韩相励等
五六个同学比较要好，经常是学习在一起，生活在一起，形影不离。
共同课余爱好就是看一些课外书籍，如《红楼梦》、《水浒》、《三国演
义》等。看完一本书几个人就在一起议论一番。谈到《三国演义》刘
关张三结义时，他们几个商量：咱们也来个五结义不好吗？大家都同
意，遂称起"嫩江五兄弟"来。嫩江五兄弟中刘成栋年龄最大，是大
哥，韩相励最小，是小弟。五兄弟起早贪黑赛着学习。看课外书和搞
到课外书最多的是刘成栋，他不只是看文艺书，还看爱国和政论方面
的书。

当时，苏联叫俄国，刘成栋经常和兄弟们谈论俄国的政治局势，
讲俄国革命领袖列宁的故事及列宁的《论共产主义》等。刘成栋最
喜欢看《在鸭绿江上》，是描写朝鲜共产党员与日本帝国主义斗争的
故事，特别让人感动。刘成栋课外书特别多，却从不告诉他的兄弟们
是从哪里搞来的。他经常给兄弟们讲俄国强大，都是因为信仰共产
主义。

有一次，刘成栋借来了一本小册子，叫《日本首相田中义一给日本天皇的秘密奏章》。这个奏章建议日本天皇出兵占领支那，吞并满蒙，因为满蒙是中国富饶的核心。可见日寇侵略中国是蓄谋已久的。

刘成栋从大量阅读中深受西方一些新思想启迪和感染，世界观也发生了深刻的变化，学会了一分为二看问题，从全局把握和处理问题。他跟同学们一起探讨鸦片战争、辛亥革命、五四运动，探讨中国时下的战况和未来的发展。每一次交谈都会触动刘成栋的心，让他热血沸腾。

19 世纪末至 20 世纪前半叶，日本逐步确立了征服世界必先征服中国，征服中国必先征服"满蒙"的战略。1930 年 9 月 18 日晚 10 时许，日军在沈阳北大营南约 800 米的柳条湖附近，将南满铁路一段路轨炸毁。并在此布置了一个假现场，摆了 3 具身穿中国军服的尸体，反诬中国军队破坏铁路，向中国东北军驻地北大营发动进攻，发动了震惊中外的"九一八"事变。

"九一八"事变之后，日本侵华野心步步膨胀，因时局所迫，黑龙江省齐齐哈尔省立第一师范学校解散。带着愤怒，带着一腔难以平息的报国之情，刘成栋于 1932 年回到家乡，在新站村小学做了义务教员。此时，东北三省已经沦陷，中华大地惨遭践踏，中国人民的灵魂饱受凌辱。刘成栋看着家乡沦落的情景，仇恨点燃了他的青春热血。

他不想当亡国奴，便开始寻找爱国救亡组织，寻找救国救民的道路，积极投身抗日活动。在抗日救亡活动中他接触到了共产党员，使他的爱国思想再一次升华。他跟王喜明、韩相励几位义弟还有师范的几位同学商量，不能甘心做亡国奴，准备一起逃入关内，参加抗日。

当刘成栋对父亲说出自己想法时，父亲仔细地打量儿子半天然后转身离开了。刘成栋以为父亲不同意，想跟上去解释，却被母亲拉住了。母亲说，我们就你一个儿子，你走了我们可怎么办啊？这兵荒马乱的，你上哪儿去啊！刘成栋思量着母亲的话，是啊，他怎么能离开生养他的爹娘，离开他的家乡呢？但是作为男儿怎么能守在家里甘当亡国奴？思来想去，还是决定到北平去，不管父亲同不同意。晚上吃过饭，刘成栋刚要跟父亲讲，父亲递给他一个钱袋说，人啊，总得有个志向，我虽舍不得你，但也拦不住你！不过你去北平得先读好书。

刘老爷本来是不愿意让刘成栋去北平的，但想到东北已经沦陷，在家遭日本人压迫还不如让他到北平读书，那里必定是国家的行辕，于是他卖掉一些土地，换了大洋给刘成栋作盘缠（因东北沦陷民不安生，刘成栋在北平的学费、生活费都是靠父亲变卖土地维持）。

刘成栋决定去北平的时候，长女刘芝瑞（原哈尔滨建筑工程学院副教授，刘达长女）已经两岁，妻子刘陈氏又怀有身孕，她看着去意已决的丈夫潸然泪下。刘成栋拜跪年迈的双亲，刘老爷赶紧把他扶了起来说，儿啊，你去北平要好好学习，保护好自己！在家乡的村口，刘成栋回头看了看自家的大瓦房，告别了亲人，毅然转身，消失在茫茫夜色里。夜色淹没了刘成栋的身影，也刺痛了刘老爷的心，他每天凝望着儿子远行的方向，老泪横流。他就这么一个儿子，为了祖国能快点从水深火热中走出来，为了全国人民都能过上安稳的日子，他怎么能不送儿子出去闯荡呢！

这年夏天，刘家的长工从南水园子打上来几条大鱼，刘老爷看着大鱼想起了儿子。他说，把这几条鱼收拾收拾腌了，挂到堂屋的大梁上，等刘成栋回来一起吃。可刘老爷没有等到儿子回来就因积思成虑病倒了，在他病重的日子里，他总是向北平的方向遥望。家人都知道刘老爷的心思，他是希望能再看儿子一眼啊！刘太太托人写信给在北平东北中山中学高中补习班学习的刘成栋，告知父亲病危。刘成栋接到信后连夜往回赶。等他回到老家时，刘老爷早已驾鹤西去了。

刘陈氏第二胎生了个儿子，刘成栋回来时儿子已经满月了，他给儿子取名叫刘寿康（原北京市轻工业学院高级工程师，刘达长子）。嘱托妻子一定供养孩子们上学，然后匆匆向家人告辞。母亲含着眼泪想留下他，他说，国难当头，我必须到抗日队伍中去。母亲知道儿子是有志向的人，没有再说什么，目送他再次离去。刘成栋走后不久，他的母亲也病倒了，可她没有让家人通知刘成栋，不想让儿子为她担心。

刘成栋的母亲是一位和蔼可亲、平易近人的母亲。她虽然家境富足，生活富裕，但她对长工、短工像家人一样，还经常救济那些吃不饱饭的人。她教育孩子们从小要立志，真诚做人。

刘老太太在刘老爷去世后，就把家里的事都交给了儿媳妇。她每天起来吃过早饭后就坐在大门口守望，这一等就是好几年。

刘达大学时代（北平府辅仁大学）

三、你下学期不用来上学了

来到北平后，刘成栋就学于张学良先生创办的中山中学。中山中学是东北大学的预科，收留各地的流亡学生。刘成栋在学校里接触到一些爱国老师和爱国学生，深受各种爱国思想和爱国活动的感染，使他立志不当亡国奴，拯救东北，拯救全中国。

"九一八"事件，像一个烙印深深地刻在刘成栋的心上，为了能让家乡早日从灾难中解救出来，他和两位义弟加入了民族解放先锋队。他们白天上课，晚上和爱国学生们一起，组成宣传队，写标语，印传单，做旗帜。经常在深夜里提着糨糊，夹着宣传标语出去工作。后来刘成栋与王喜明、韩相励被中山中学开除。被开除后他们找到了在辅仁读高中的韩殿业。韩殿业在学校附近的东官坊，找了一所公寓安排他们住下。辅仁大学招生时，刘成栋与韩殿业一同考入辅仁大学国文系，住在一个宿舍里。

1934年前后，以蒋孝先为团长的国民党中央宪兵第三团镇压人民革命，严禁一切抗日活动，"东北民众抗日救国会"的牌子被摘掉了，抗日运动转入地下。

北平地下党组织遭到了严重破坏，许多党员与党组织失去联系，但是分散在北平的地下党员和进步人士仍在积极地进行抗日活动。

一天，刘成栋和几位同学路过北京饭店，他看见楼下有一个书报摊，便走过去看有没有喜欢的杂志。他一眼就看见了《救国时报》上的大标题《为抗日救国告全体同胞》（即"八一宣言"）忙拿起来看。文章中这样写道："日本帝国主义加紧对我们进攻，南京政府步步投降，我北方各省又继东北四省之后而实际沦亡了！""我国家我民族已处在千钧一发的生死关头。救亡图存，抗日则生，不抗日则死，抗日救国已成为每个同胞的神圣天职。"刘成栋如获至宝，立即买了几份招呼同学匆匆赶回学校。回学校后刘成栋把报上的宣言写成条幅贴到学校最醒目的地方。立时，这些宣言在学生中引起强烈的响应，建立以打倒日本帝国主义为目的的最广泛的抗日民族统一战线的号召深入人心。它不仅使同学们进一步认识了民族危机的严重性，同时也从"宣言"中找到了救国的出路。

1935年秋，黄河决口，山东、河北遭受水灾，无数灾民饥寒交迫，拖儿带女沿路乞讨，流落北平街头，在死亡线上挣扎。这时，共产党为解救灾民的疾苦，团结和教育青年，在学生中发起了黄河水灾赈济运动。刘成栋参加了学校组成的"黄河水灾赈济会"，组织演戏、义卖等活动，为灾区募捐、钱财募实物。

东北沦陷后，日本侵略者又把魔爪伸向热河、察哈尔和关内。野心勃勃的日本侵略者向国民党政府提出在华北的统治权。面对这种形势，爱国民众义愤填膺。国民政府却"郭睦邻帮"，镇压和屠杀抗日民众。荷枪实弹的日军在街上横行无忌，日本浪人胡作非为。铁路沿线经常发现中国工人的尸体，爱国的教职员工和学生不断遭受迫害，人民的生命财产毫无保障。北平的学生们深感"华北之大，已经安放不下一张平静的书桌了"！

终于，"一二·九"学生抗日爱国运动孕育爆发了。一天，刘成栋接到东北大学的通知，学生准备上街请愿，抗议国民政府的软弱行为，响应爱国主义统一战线的号召，一致对外，共同抗日。此时的刘成栋和其他东北青年一样，饱尝国破家亡的苦难，所以他的抗日救亡的呼声更加高昂。

1935 年 12 月 9 日清晨，军警几乎包围了所有准备参加请愿的学校。东北大学和东北中山中学都是流亡的学生，抗日复土还乡的斗争意志顽强，他们高喊着："打回老家去，消灭日本侵略者！"集体冲出了军警的封锁线。

被军警包围的学生，经过艰苦努力，克服重重困难，陆陆续续汇集到新华门请愿。请愿不成，学生们当机立断，改为游行示威。顷刻，高昂的口号声、歌声直冲云霄。为了集结同学、壮大队伍、宣传群众、扩大影响，决定游行队伍由新华门出发向天安门广场集结。一路上不时有冲出军警包围的同学加入游行队伍。有的学校冲出来的人员少，没有校旗，临时到商店买布做成旗帜，以便三五成群的同学集合在本校的旗帜下参加游行。

当游行的队伍来到辅仁大学时，刘成栋带领同学们经过几个小时的努力，奋力冲出军警包围加入游行队伍，当队伍来到"五四运动"的发源地——北京大学时，事先已经有宣传员到校内高喊："北大，起来！""北大，恢复五四精神！"随后到达的大队人马则在校门外遥相呼应。顷刻间，这震撼人心的呼声，像野草被火种点燃，燃遍了校园。各教室、实验室、图书馆的门都打开了，同学们奔走相告，纷纷集合在校门前加入到游行队伍。游行队伍途径到的学校就有学生陆续加入进来，游行队伍学生队伍如滚雪球一样越滚越大，势不可挡，浩浩荡荡地前进。

　　游行队伍计划转进到王府井大街，然后到天安门广场集会。这时前面的纠察队员传来消息：东交民巷一带有大批日本兵出动，沿街架起了机枪。国民党政府此刻已吓得晕头转向，以为学生要去东交民巷领事馆区冲击日本大使馆，气急败坏地调来大批军警部队，在王府井南口布置了一道严密的封锁线，救火车横在街口做防御工事，两旁人行道上站满了手持水龙、大刀、木棍的军警，虎视眈眈地等待着游行队伍的到来。

　　同学们怒不可遏，高呼口号，挺胸前进。军警突然用水龙头对着人群压了过来，高压水柱打在同学们的脸上、身上。学生们的棉袍，一会儿的工夫就变成了"冰袍"。水龙头不断地喷射着，寒风不停地怒吼着，学生们紧挽手臂顽强地抵抗着。这时军警从队伍两侧包抄过来，赤手空拳的同学们蜂拥而上，英勇地夺过水龙头朝军警们反击，与军警展开激烈的搏斗。霎时，军警的冲杀声、学生们的怒吼声和市民们的声援口号声混成一片。经过一阵巷战，学生的队伍从中间被打散了，不少人被当场逮捕，许多同学受了伤。在激战过的街道上，结了一层冰，上面留着爱国青年的斑斑血迹！

纪念"一二·九"运动50周年，当年参加"一二·九运动"的热血青年
相聚在北京樱桃沟"一二·九运动"纪念碑前，前排右5为刘达同志

　　队伍被冲散后，同学们到北大三院集合商讨下一步的行动，决定全城总罢课，要求严惩破坏学生运动的肇事者！

"一二·九"游行后，为了镇压学生运动，宋哲元派出军警到各大学进行搜查。12月11日，东北大学遭到了武装军警的搜捕，王新三、戴洪图、冯静安等6名同学被当场抓走。而刘成栋等一些参加运动的同学则被学校反动当局开除，当时没有公开，只有一个退单，上面写着："你下学期不用来上学了，学校开除你了。"

四、我没有什么礼物送给你

从"九一八"到"一二·九"短短几年里，刘成栋的思想逐步成熟起来，他认清了国民党对内镇压抗日活动、对外屈膝投降倒行逆施的真正目的。他将实现挽救国家危亡的夙愿寄托于共产党，他从一个有强烈抗日救国思想的爱国主义者，逐步成长为有共产主义思想的革命青年。他为自己的人生找到了新的方向，决心加入共产党，加入到拯救中国的大潮流中去。于是在中国共产党东北特别委员会的领导下，他与同学们一起组织了救亡团体。

1937年6月，刘成栋被党组织自北平派往延安桥儿沟中央党校学习。因为等交通员传递消息和组织关系，他们在北平待了一段时间。那时，"七七事变"即将爆发。此时的北平混乱无序，街上、商店里到处是萧条的凄凉景象。刘成栋想着"九一八"后的流亡生活，看着一片危急的情景，想到将要去陕北真正走上抗日救国的革命道路，不仅感到一阵新奇和振奋。"七七事变"以后，刘成栋接到通知，可以出发了。

刘成栋与同学们相约一起去北平前门车站，借国共谈判通车的机会乘火车南下。本来同往的还有两位女同学，后来她们未能成行，只有刘成栋和李剑白（黑龙江省人大党委会主任、曾任哈尔滨市委书记）、徐迈伦三人同往。路上三人成立临时党支部，由徐迈伦任支书。途经郑州，来到西安。到西安后，三人商量如何找到西安七贤庄红军办事处，去办理延安中央党校学习的组织手续。因为办事处在西安是半公开性质，目标较大，不便多人频繁接触，就决定由徐迈伦一人前去，他很顺利地找到办事处，接上头，办妥了去三原红军兵站的介绍信。

三人立即买到由西安经渭水到三原的汽车票赶赴三原。三原红军兵站是公开的，运军粮的汽车很多，他们就搭车北上。同行的人中有不少青年学生，但当汽车到达宜君县后，大雨连绵不停，道路泥泞，车队不能前进。时间紧迫不能等待，他们只好步行。开始他们还能找到地方政府，要求支援些毛驴帮他们驮行李，到了洛川兵站，就只好把行李放到兵站，轻装前进。原定"八·一"前赶到目的地，结果到延安时已过了 8 月 1 日。到中央党校以后才知道，同伴中有的也是到中央党校学习的。

在中央党校，刘成栋被安排在第五班学习，这个班里有一部分陕北老红军干部，也有不少白区来的地下党员和知识分子。后来五班的人逐渐增多，又分出一个第十班，刘成栋就到了第十班。两个班一起上课，一起活动。纪念广州暴动以后，刘成栋唱着毕业歌和大家分别。为了工作需要，组织让大家改名，刘成栋改名刘达。

艰苦的岁月不仅能点燃生命的烛火，也能擦亮爱情的火花。

就在刘达即将告别中央党校，到晋察冀边区任一分区组织部长的时候，一位广西桂林的爱国青年踏进延安桥儿沟中央党校的大门，她原名叫黄新运。

黄新运 1920 年 5 月出生在桂林市，父亲黄周是桂林较有名气的律师。依靠父亲的收入，一家人过着城市上层殷实的生活。

黄家在阳朔有可收 120 担租的土地，在桂林有两座大房子。家资丰厚的黄新运没有因小资情调的生活而影响学习，她 1932 年考入广西省立桂林女中幼稚师范班，1936 年考入广西南宁省立教育研究院幼稚师范集中训练班。1936 年被聘请到广西直宜北中和乡中心小学任教员，1937 年转入广西桂林六合乡小学任教员。这时，她已经加入共产党，在秘密的党组织领导下工作。10 月，领导黄新运的徐敬五同志因叛徒告密被捕，与组织失去联系，因黄新运也暴露身份，所以她告知留下的同志，与杨素芬、韦志坚一道离开桂林到了延安，从此跟家人和原来的党组织失去联系。

一个刚满十八岁的女孩，正是花一样年龄，一个本应该在学堂里好好教书的女孩，因为日本侵略者的入侵，因为要找回中国人的尊严，她毅然放弃条件优越的家庭，放弃工作，投身到轰轰烈烈的革命洪流中来。在她年轻秀气的眼睛里，找不到稚嫩和茫然，唯一写在她脸上的是勇敢、坚强，她拥有着中国 20 世纪初叶青年人共有的信念——把日本帝国主义赶出中国去，哪怕有更大的牺牲，她也不会犹豫。

黄新运离开温暖的家，离开疼爱她的父亲母亲，孤独地踏上列车，来到一个陌生的城市——延安。延安中央党校孕育了她的爱情和梦想。黄新运到延安后改名汪琼。

刘达是 1937 年年末离开中央党校的,而汪琼是 1937 年 10 月来中央党校的。短暂的接触,汪琼如一幅画映入刘达的眼睛。他欣赏她,因为她勤奋好学;他敬佩她,因她聪慧坚强,与众不同。汪琼没有跟刘达说过话,她只是默默地看着他,一个来自北方、个子不高却睿智而俊朗的男人。

1938 年 12 月汪琼被派到晋察冀中央分局组织部任干事,1939 年 7 月调到晋察冀边区公安总局任党支部书记、审查股长。

一天,赵尔陆来找刘达提起汪琼,刘达说汪琼是一个有思想的女孩。

赵尔陆说:"东北是日本人的占领地,你离开家这么多年了,也应该想想自己的事儿了。"

刘达摇头说:"虽然我的婚姻是父母包办的,但我已经有了两个小孩。"

赵尔陆说:"现在上面有政策,到了你们这个级别是可以考虑个人问题的,我看这件事儿就由我来做主了,汪琼与家人早已失去了联系,你们就相依为命吧。"

刘达说:"我先给家写封信。"

刘达想起了新站村南水园子,想起了每天守候在门口等着他回家的老娘,勾起阵阵思乡的痛楚。他向北方遥望,日本人到处杀人放火,什么时候才能到头啊!

刘达给家里写的那封信已经寄出一年多了,却杳无音讯。这年秋天,赵尔陆再次跟刘达提到汪琼。刘达对着镜子看着自己,三十出头的人了,应该有个家了。

刘达与汪琼的婚礼很简单,两人各自跟单位的同志们说了一声,就算结婚了。没有花轿,没有新房,只有同志们的祝福和两双为抗日战争而甘愿付出一切的新婚夫妇的眼睛,深情地彼此坚定、信任的相望。

刘达对汪琼说:"我没有什么礼物送给你的。"

汪琼对刘达说:"你是上帝送给我的最好的礼物。"

老区
纪事

第二章

一、变敌后为抗日前线

阳光青淡淡地照耀着中国华北大地。穿着旧军装，腰扎皮带，脚蹬草鞋的刘达，走出中央党校的大门，他回头看看这个培养党的干部的摇篮，心怀激荡。

今天，他将走进晋察冀，走进日本侵略者做梦都想占据的华北地区。从此，那里的一草一木他都会用心地去保护，他的任务就是要把党的思想传播给雁北地区的老百姓，发动大家团结抗日，把日本鬼子赶出中国去。那里是一个新的战场，那里有着他肩负的神圣使命。晋察冀将是他的第二个家乡，他会把全部的心血和热情都投放到那片神奇的土地上。想起家乡，刘达抬头向北遥望，东北三省什么时候能解放？新站的亲人可还安康？

"小学生（彭真对刘达的称呼），你怎么还不走啊，想老家了？"走在他前面的彭真停下来，微笑着问。

"也不知道老家什么样了！"刘达的语气带有淡淡的忧伤。

"快了，只要我们团结一切可以团结的力量，一定会把日本小鬼子赶出中国的！"

彭真，原名傅懋恭，山西曲沃人，山西省共产党组织的创建人之一。根据中共中央的决定，彭真以北方局代表的名义常驻晋察冀，协调聂荣臻在晋察冀、平汉路东及平津地区党的工作。1938年4月以后由彭真主持省委工作。刘达任一分区地委组织部长。

到了晋察冀边区后，刘达立即深入群众了解情况，创建革命政权。他跑遍了山山岭岭，村村镇镇。对每个村子的地理环境、人口牲畜进行了细致的调查。

晋察冀地区控制着平汉、津浦、同蒲、平绥、北宁、正太等铁路干线，卡住日军运输的大动脉，还紧紧包围着日本华北方面军大本营和华北伪政权"临时政府"、伪"蒙疆联合委员会"的驻地北平、天津、张家口市，以及保定、石家庄、唐山、太原等战略要地。它像一把匕首插在华北敌人的心脏，直接扰敌后方，牵制着敌人大量兵力。另外，晋察冀地区既有广袤的平原做粮仓，又有燕山、恒山、五台山、太行山为依托和屏障，是开展游击战争的好地方。

晋察冀边区虽然最早沦为敌人后方，但是日军兵力不足，且因在战略进攻中疯狂南进，无暇后顾，仅占领了城市和铁路、公路干线，而在各省山区和广大农村，则不能到达或无法常驻。这一地区的国民党政权在日军进攻下已基本瓦解，新的日伪统治还未建立或比较薄弱，刘达利用这一空隙建立抗日政权，变敌人后方为抗日前线。

刘达逐家挨户走访，了解到这里的人民由于饱受入侵关内的日军的蹂躏，都强烈要求武装抗日。

据说，日本人占领涞源县时，抗战前的国民党的村长、乡长组织维持会的头头尚延宗，给日本人办事，给日本人送粮，插日本人的旗，恭维日本人。后来日本人撤走了，军队除奸科把尚延宗抓起来并要枪毙。县城里的旧职员都出来找刘达担保，说尚延宗的所作所为是为了应付敌人，为的是不造成日本人烧杀。刘达了解情况后，考虑到地方两面政权的重要性，立即赶往军队。刘达说："不要杀，如果杀了他，以后没有人应付日本人了，没有人敢组织维持会了。"部队认为尚延宗是汉奸不可留，还是把他给杀了。

不久，日寇侵占雁北地区后，阎锡山放弃大同会战，国民党的军队和地方政权狼狈向南溃退，日寇只占领了几个县城和铁路沿线，广

1985 年 1 月刘达同志与杨成武同志在清华大学会面

大乡村呈无政府状态。地主武装、杂牌部队、散兵游勇、土匪横行，他们所到之处，要粮、要钱、要大烟，人民群众苦不堪言，见了拿枪的人就躲得远远的。加上阎锡山的反共宣传，八路军进入桑干河地区后，广大人民群众不敢接近。刘达针对这种情况，决定成立以东井集为中心的高（阳高）原（阳原）同（大同）镇（天镇）区区公所，在西团堡村召集了一百多个村代表选举区长。

康世安（刘达在雁北时期的战友，曾任雁北浑源县公安局局长）当选区长后，刘达把康世安请到办公室亲切地说："老康啊，做好这个区长不是件容易的事啊，你一定要做好这样几件事：第一件，在各村要有做抗日工作的政权，对原来的旧政权，能工作的可以利用的，不能工作的要和工作组商量找人当村长，建立新政权；第二件，要实行合理负担。'有钱出钱，有粮出粮'，钱多的多出，规定征点，减轻穷苦人民的负担，要筹粮筹款，保证部队吃饭。丈量大烟苗地，征收大烟税，解决部队冬季服装；第三件，要动员青壮年参加八路军；第四件，是要发动妇女做军鞋。这些事让你来完成应该没有问题吧？"

康世安从刘达的语气中感觉到他是一个真正做事的人。康世安凝视刘达，似乎看到雁北劳苦大众的希望。

刘达问："有问题吗？"

康世安说："没问题。"

刘达说："抗战时期，我们中国人都应该团结起来，这样才能把日本侵略者赶出雁北，赶出中国去！我们每一个中国人都有这份责任和义务啊！"刘达顿了顿接着说："老康，你是新干部，在工作上要同王先臣同志（区委书记）商量。"

康世安没有想到刘达会如此器重他，欣然点头，立即开始工作。

安排完康世安的工作，刘达在基层的一间大房子里，集中了十来个年轻的战士，由他用目测、提问、卷绑腿等办法进行考核，挑选一名警卫员。刘素善是一个遇事机灵、有文化、朴实的农民孩子，刘达选中了刘素善（原内蒙古自治区电业管理局局长，曾任刘达警卫员）。

一天，雁北地区地委书记李光汉来找刘达商量，他要去浑源县办训练班，想带一名警卫员。刘达知道李光汉的用意，就叫来了刘素善。刘素善不吭声，刘达就说，等你回来再给我当警卫员，不也是和原来一样吗。但是李光汉回来后不久，刘达就调走了。

刘达到桑干河不久，在西团堡村的一间大庙里办训练班，取名"牺盟会干部培训班"，实质上是培养抗日的地方干部。他叫工作组从东起阳原的曲长城，西至大同的许堡，北自天镇的马家宅，南至大同的老荏（现广灵），动员中学、师范学生及小学教员到西团堡受训。刘达亲自领导并讲课，学习结束后，学员们有的分配到桑干河两个区工作，有的到延安抗大学习，有的到部队工作，有的回村工作。

二、作战细腰涧，改编游击队

根据中共中央成立中共晋察冀分局，统一领导边区各项工作的指示。彭真为分局书记，刘达任晋察冀五分区（雁北）地委组织部长。晋察冀抗日根据地由原来的晋东北、晋西和冀中40余个不完整的县，扩展到平西、冀东、平北。

这天，雁北大地下着毛毛细雨，阴沉中夹杂着几分清凉。日寇第100师团和第3独立混成旅团以重兵万余人突然兵分5路合击驻守在晋西北部的717团。

刘达获得情报后立即带几个干部找到王震（湖南浏阳人，曾任解放军副总参谋长、国务院农垦部部长、国务院副总理，中共中央军委常委、中华人民共和国副主席）的主力部队，王震听说地方来了干部也马上出来迎接。

王震打量一下刘达，见刘达一身旧军服打着补丁，旧草鞋漏了脚趔头，梳着三七分头，带着几分书生气。从刘达简洁明朗的话语中就能看出他是一个有勇有谋的干部，心中十分欢喜，迈前一步说："我是王震，王大胡子，我们进屋慢慢说。"

刘达进了王震的指挥部说："敌军攻打我军，胜败都必然会经神堂堡回大营镇，神堂堡北面就是上、下细腰涧，山路险峻，地势复杂，加上下雨，山路特别滑，是歼灭敌人最好的地方。我比较熟悉那里的地形，我想参加这次战斗。"

王震看了看地图，仔细剖析了刘达的建议，当即命令718团迅速向717团靠拢，并亲自率领教导营赶往神堂堡。

山风呼啸，刮得树木呼呼作响，山路潮湿曲折，踩在山路的植被上四处打滑，由大营镇经神堂堡进犯的鬼子抬头看见山巅积雪阴森，身边怪石狰狞，吓得不敢再前进，便沿原路返回大营镇。

刘达和王震带领队伍早已等候在神堂堡，敌人一露头，王震便下令向敌人猛击。日军遭到袭击，伤亡惨重，向上、下细腰涧方向溃退。王震立即率718团、教导营、骑兵大队追击。至上、下细腰涧时，突闻近处枪声大作，王震断定是717团与敌遭遇，便率领718团等部队及时向枪声方向冲去，刘达也带领干部们冲了过去。经过20多小时激烈战斗将敌全部歼灭。

王震看着缴获的战利品非常高兴，他亲自选了一些枪支送给刘达说："我是一个大老粗，今天能和你这样的知识分子、地方干部一起打仗，令人高兴啊！"

刘达说："你们是跟毛主席打出来的，要向你们学习！"

细腰涧战役本来不是计划内的战役，因刘达带领当地武装有力配合，使得这次战役以最小的代价取得了最大的成功。经过这次战役，刘达与王震一见如故，建立了一生的友谊。

抗日战争初期，灵丘县政权在国民党青红帮手里，改造政权是当务之急，刘达、王震和地委书记李光汉等人共谋此事。

为了打垮旧政权，刘达直接写信给牺盟会，要来刚满18岁的陆济（女，刘达在雁北时期的战友，雁北"牺盟会"的负责人）去打破灵丘政府老政权的缺口。

开始，刘达让陆济以牺盟会的名义接触县府23辈青红帮头目孟凡棠、县长郭飞天（国民党员）和当时灵丘县"最高学府"双峰高小的校长等。

当时孟繁棠是县里民政科的科长，是青红帮23辈头子。陆济刚接触他时，他以为陆济是阎锡山派来的人，就说："八路军光吃小米不干事儿。"陆济回来后向刘达反映，刘达如实地向王震作了汇报，王震决定找孟凡棠算账，把他抓起来进行专政批斗。

经过大家共同努力，突破了反共分子孟凡棠案件，吓走了国民党县长郭飞天，这时地委派来一批有经验的干部。刘达立即把他们安排到重要岗位上。派刘笈山到广灵县任县长，先派王任山后派高钦当灵丘县县长。至于科长，除保留一部分原政权内比较好的科长外，派了大量抗大来的青年学生。这次改组、调整巩固了共产党在当地的政权。

有一天，刘达带领 359 旅在桑干河一带活动，有人送来情报说从桑干河来了一股国民党部队，目的不明确。刘达亲自配合部队去迎，他走在部队的前边。当两支部队走近时，刘达认出走在对方部队前面的是白乙化，两人亲切打招呼。

原来，地下党员白乙化又名小白龙，在北平时同刘达认识，"七七事变"后，白乙化在东北军工作，后组织上派他领导一批党员和进步青年，到绥远河套扒子铺一带，以东北义勇军朱霁清为招牌办农场。办农场是名义，实际上青年们在农场里都学习了军事知识，后来以白乙化同志为首组织起了一支三五百人的队伍，打着马占山的旗号，来桑干河一带活动，正好与刘达相遇，两军胜利会师，避免了一场误会。经刘达介绍，两支队伍被合编后加入八路军，后来一起挺进到平西打击日本侵略者。

时隔不长时间，刘达从工作组那里听说有一支杂牌部队从高阳碾儿屯一带转移到大同大王村。原来，这支杂牌部队是国民党金宪章新二师一个排长魏镇亚（山东人）和团副兰中孚，从五台山拉出一个排，到桑干河时扩大到五百来人，番号叫抗日义勇军，既打日本人，又扰害村民。刘达了解到这支杂牌部队的情况后，选了匹快马，带了几个人就直奔大王村。刘达赶到大王村时，兰中孚和魏镇亚正在村中一百姓家喝酒。听报信的说有个叫刘达的来找，两人相视一笑，挥手让刘达进屋说话。

魏镇亚说："兄弟是来找我喝酒的吧？正好这酒钱还没人付，你来了正好。"说完回头又看着兰中孚，两人哈哈大笑。

刘达说："酒钱我可以代付，但我不是来找你们喝酒的，我是来找你们打日本鬼子的。"

听到日本鬼子，二人立即抓起枪从炕上跳下来，问："在哪儿？"

刘达说："在晋察冀，在整个中国。"

二人一听，脸呱嗒一下子就撂下了，魏镇亚提起枪指着刘达说："这不是逗着玩吗？你来找我打日本鬼子，我倒是乐意，见一个我打一个，但你说整个晋察冀，整个中国得多大呀，就我们几个能打过吗？我看你是来找茬的！"

刘达说："我是晋察冀边区一分区的组织部长，是中共中央派到这里组织抗日武装力量的。整个晋察冀，整个中国的鬼子你们是打不过，但是我们有四万万中国同胞啊，只要我们团结起来，一定会把日本鬼子赶出晋察冀，赶出中国的！"

魏镇亚看着刘达，被刘达的慷慨言辞镇住了，回头看了看兰中孚，兰中孚说："你一进来，我就看出你不是善茬子，有话你就直接说，你找我们到底干啥？"

刘达一看有希望，就换了口气说："我是来找你们跟我回一分区的，我想请你们留在晋察冀，一起打日本鬼子。我会帮你们改编成晋察冀边区的第一支游击队。"

魏镇亚早就被说服了，他看着兰中孚，等他说话。兰中孚也看出魏镇亚的心思，想了想说："我们可以跟你回去，但是不像你说的那样，我们还会把队伍拉回来。"说完就到院子里招呼大家集合，跟随着刘达，带着五百多人的队伍来到了西团堡村。刘达找地方把他们安顿住下，就去请359旅的干部来做这些人的政治工作。还请示上级领导把这支队伍改编为晋察冀第一游击支队，兰中孚担任队长，魏镇亚担任副队长。

桑干河的山青翠如玉，桑干河的水湛蓝映天。刘达望着桑干河附近的山山水水，感觉着微风的抚慰，聆听着布谷的吟唱，心情起伏激荡。在这样秀美的地方，竟然有那么多的日本鬼子明目张胆的横行霸道，烧、杀、抢、夺，无一日安宁，作为一个失去家园的青年领导干部，怎能再看到日本帝国主义铁蹄践踏这片美丽的土地？刘达倚靠在他居住的窑洞门前思索着，一定想办法早点让人民群众脱离苦难。

三、人若犯我，我必犯人

抗日战争中，山西雁门关外的13个县，大部分被日本侵略者占领，人民在日本侵略者的铁蹄下，过着暗无天日的亡国奴生活。

国民党在五届五中全会上，确定了"溶共、防共、限共、反共"的方针。山西的阎锡山处心积虑地寻找打击、削弱直至消灭共产党及其领导的八路军、游击队的机会。

1939年9月初，阎锡山委任白志沂为十专区专员兼保安司令，带着三个团，一千五百多人的队伍，从晋西出发，经五台、繁峙进入刘达工作的防区灵丘县上寨、下关一带。

为了表达团结抗日的诚意，刘达在下关、上寨组织干部群众，召开以纪念"九一八"为主题的欢迎会，欢迎白志沂部队的到来。

这天，艳丽的秋阳照耀着雁北大地，几棵老杏树经过几百年风雨的洗礼后，依然高傲的挺立在村子的路口。干部战士群众围坐在一起拉歌，扭秧歌，很是热闹。白志沂部也分别参加了下关、上寨的会议，但是白志沂没有亲临，只是派了个秘书到会。

在上寨的会上359旅旅长王震亲临讲话，讲了抗战的形势和任务，指出坚持团结、坚持进步才能取得抗日战争的胜利，并揭露白志沂散布的谣言和制造分裂的阴谋。王震诙谐地说："有人造谣说我们要撵走保安队，今天大会不是很说明问题吗？我们不是团结得很好吗？"这样有策略性的讲话博得了热烈掌声，会场气氛由开始的紧张变得大为缓和。

在下关的西河滩刘达也讲了话，他要求广大军民坚持抗战，反对投降；坚持团结，反对分裂；坚持进步，反对倒退。他在会上慷慨激昂，振臂高呼："打倒日本帝国主义！打倒汉奸汪精卫！欢迎友军上前线共同抗日！……"在场的战士群众都站起来，跟着刘达振臂高呼。会场上口号震天响，群情高昂。而白志沂的部队没有一个举手的，双方呈现对峙的局面。

白志沂部队一来，刘达就看出他们不是真心抗日的，马上安排陆济去接触白志沂和其他军方代表、民方代表、政治交通局的人员。陆济每次接触他们回来都向刘达汇报。其中民方代表白刃是个共产党员，他与军方代表杨阔语同住一屋，当他发现杨阔语给阎锡山的电报稿"此方牺盟会负责人是赤色分子"后，立即给陆济送信，途中被白志沂部盘查，白刃觉得已暴露身份，便回老家晋西北去了，走时给刘达留了一个条子。

刘达接到白刃的条子，明白了白志沂的目的，立即安排陆济会见白志沂。

白志沂只露了一面就走了，改由秘书长接见，秘书长也说有事儿走了。陆济回来汇报，刘达说："这说明白志沂坚持反共，毫无抗日诚意的本质，我们要小心防范，准备随时应战。"

不出刘达所料，白志沂部顽军蓄意制造事端，摩擦不断升级。

刘达把这一情况汇报给聂荣臻，聂荣臻指示："如果他们客客气气的，我们对他们也客客气气的，给他们划一个驻地，如果他们要搞摩擦，我们就按毛主席教导的'人不犯我，我不犯人；人若犯我，我必犯人'的指示跟他们打，把他们消灭掉。"

边区政府为此成立了雁北办事处，专门对付阎锡山所派来的白志沂部。

在359旅奉命调回延安，包围陕甘宁后，白志沂认为有可乘之机，遂开始用武力夺权。

一天夜里，老区的人们还在沉睡中时，白志沂带领部队包围了灵丘县政府，强行夺走刘笈山县长的县印，紧接着又包围广灵县张家湾政府，千方百计抢走县印，逮捕县长高钦等七位县政府干部，扣押并杀害了雁北游击队的两名科长。刘达听到消息后非常着急，立即设法营救。

当时雁北无主力部队，仅有359旅留下的新编雁北支队，刚刚组建，人数不多，难以对付白志沂的千余人的部队。

正在刘达焦急万分的时候，有情报说，在上寨镇有我军部队在休整。刘达不顾个人安危，选了一批快马，亲自到上寨镇请在此休整的120师715团援助。在电请聂荣臻司令员的同意后，以彭德怀、贺龙、关向应、聂荣臻四人的名义，下令715团配合雁北支队解救干部。于是，刘达与715团政委唐承恩率领二营直奔张家湾。待到达后，方知白军已将抓去的干部押往站上村。刘达又率部队沿沟追击，黄昏时到达站上村边，二营熊营长对部队进行了部署。见村内无动静，刘达高声向村里喊话："你们赶紧悬崖勒马！赶快把我们的干部放回来！"村内仍无动静，刘达勇敢地带领战士爬房进村，这时保安队开始射击，打伤两名战士，我二营战士立即向村内大小村道冲击，经过一场恶战，四五十个保安队员纷纷跪地求饶，刘达将县政府工作人员救出，安排在雁翅村。战斗中，熊营长不幸中弹，光荣牺牲。

这时，白志沂不仅同汉奸乔日成的伪军合流，疯狂地捕杀抗日干部，抢掠群众财物，反对实行减租减息和征收救国公粮，大肆叫嚷要"赶走八路军"、"收复雁北13县"，还到处张贴告示："拿到共产党县府科长以上干部，每人赏洋1000元，拿到共产党区级干部，每人赏洋500元。"将被捕的政府干部和抗日群众惨无人道地削鼻、割耳、活埋。

为了打击敌人，雁北地区干部在牛心堡、南堡、北堡一带同敌、伪、白军展开了新的战斗。1939 年 12 月中旬的一天，雁北地区风雪交加，刘达不顾天气寒冷，冒着生命危险，只带通讯员，警卫员各一人，身着便衣，到海拔 2100 余米、气温降至零下 30 多度的前沿阵地看望战斗在前线的干部战士，了解情况后找来晋绥军和应山联合县的干部，召集大家开会，分析了形势，周密部署了反白军斗争的任务后才回到地委。

刘达回地委后，立即帮助应山联合县建立了第一支游击队，到雁门关一带的广大地区开展工作，建立根据地，建立政权，扩大武装。

不久，白志沂部残害了区长卢适之。白志沂在雁北制造的罪行，激怒了雁北党政机关的同志和游击队的战士们，更激起了当地人民的极大愤慨，在浑源县召开了一次"追悼死难烈士"追悼会上，群众举着大刀长矛，要求跟八路军一起消灭白志沂部。

1940 年 1 月 1 日，寒风呼啸，惊鸟哀嚎，雁北游击队的战士们，带着满腔的仇恨和怒火，与数倍的敌人展开了生死战斗。在战斗要坚持不住的时候，刘达又来到前沿战地——牛唤村、寻草村。大家看见刘达非常激动。许多同志都劝他说："您怎么来这里了？太危险，您还是回到后方吧！"刘达说："你们不怕危险，敢于跟这么多的敌人持枪战斗，我怎么能安然待在后方呢？"王金贵（原山西省委体委主任，曾任雁北地委组织部干事）一脸泥土地跑过来说："敌人太多了，火力装备都比我们好上几倍，我们眼瞅着坚持不住了！"

刘达接过望远镜向敌方阵地察看。一颗炮弹从天而降，只听得轰隆一声，前面的几个同志倒下去了，被炮弹炸起来的尘土落了刘达一身，遮住了他的视线。刘达放下望远镜，向警卫员要了笔和纸写了封信，交给王金贵说："我在这里先顶着，你火速找到刘苏司令员，共同向白志沂部进击！"刘达说完便掏出手枪投入到战斗中。

王金贵找来了部队，刘达带领 358 旅的六团、四团由张宗逊旅长、张平化政委指挥，同察绥军配合，兵分三路，把白志沂部队大部分消灭在应县、繁峙、浑源交界处的长柴沟、鹿圈掌、黄土嘴、鹊儿沟一带，白志沂灰溜溜地领着几百名残兵败将滚回阎锡山的老窝陕西宜川县去了。

四、我有救命丹，一吃就好了

赶走了白志沂部，雁北地区的干部群众打心眼里佩服刘达，都说跟刘达一起打游击安全、有趣。

在一个大雪过后的上午，刘达让李发奎（原中国银行副行长，曾任雁北广灵县委书记）在门口站岗放哨，自己蹲在老乡家的一个坐柜里，用手工的方式洗相片。

李发奎发现有情况，刘达收拾一下，喊大家赶紧上山。敌人在村里搜索了一阵后，没发现什么，继续向前走了。刘达带着大家从大雪封山、无路可走的山顶，一股劲连滚带爬到了山脚下，山脚下的河床结了薄冰。

刘达走在前面，带着大家趟过河床，每个人的裤腿裤脚都结了冰，走起路来带着响声。大家跟在刘达的后面有说有笑，沿着河沟，从谢子平村转移到六航村。走在刘达身后的是从湖南刚调来的同志，他说话带有口音，大家听不懂，眼睛也不好使，但他那股子乐观劲儿不断地引起大家的笑声，别有一番情趣。

日军"扫荡"灵丘南山，刘达在冉庄遇到专属粮食局局长郭维真（原中国工艺美术总公司副总经理，曾任雁北专属粮食局局长），他正从灵丘县经冉庄向西北山转移。刘达一听说有情况，便想打探个虚实。他跟郭维真商量，决定边走边打听。老乡说，南城头有敌人出动，可能从这里经过。刘达立即主张走小路，爬山到山顶，鸟瞰敌人去处。他们从放羊的小路，往山上走，忽然敌人向他们这边打了几排子弹。刘达说，不好，可能有追兵，忙叫郭维真快走。

他们走到山顶时，听到后面的枪声越来越近。前面是陡坡，后面是敌人追兵，如何选择？刘达的脑子里迅速闪过几个想法，最后他果断地决定用破羊皮大衣裹住头从山顶滚下山背。滚到山下，两人相对一笑，向路边找到安全的地方隐蔽起来，脱离了危险。后来听说敌人抢老百姓的毛驴，被区游击小队猛烈袭击，就开了枪，加之敌人又踩了地雷，才仓皇逃跑了。

1941 年的一个上午，刘达正在办公室里看文件，通讯员报告说拂晓时郭维真被抓了。刘达忽地从凳子上站起来问在哪儿被抓的？通讯员说在小高石村。原来郭维真和其他调运粮食的 6 名同志在小高石村开会时被抓走了。刘达仔细分析了一下情况，决定在敌人回上集村必经的路上，让青年支队打一次伏击，救出被捕的同志。他亲自给青年支队写了一封信。可是，派谁把信送到青年队的手里呢？送信是一件非常危险的差事，路上会有不少危险，想来想去，他把刘素善叫了过来说："我想让你去完成一个非常重要，又非常危险的任务，你能完成吗？"刘素善二话没说提起枪就直奔青年支队驻地。

第二天，敌人果然钻进了我军的包围圈。机枪一响，敌人乱成一团，郭维真等乘机逃出了虎口。刘达听到这个消息，非常高兴。当时郭维真的爱人正在一个小村里待产，刘达担心昨夜郭维真一夜未归，影响待产妇的情绪，便亲自到郭维真爱人待产的小村，告诉她这个好消息。要进门的时候，刘达怕吓着产妇，在门外先喊："郭维真，我是刘达。"郭维真的爱人感动不已。

1942 年的一个夜晚，月牙宁静地挂在树枝上，在回乡的小路上洒满了淡淡的清辉。刘达和副司令员高鹏从边区开会回来，遇到下关区委书记董信，董信说敌人已经兵分几路奔袭下关，企图将雁北的党、政机关一口吞掉，地委的干部们已经转移到潘家铺了。刘达让董信带路寻找躲在那里的地委干部们。谁知，刘达他们刚进入流沙台一带，敌人已经抢先进入了山谷，睡在道路两旁。马蹄和人的脚步声踩醒了敌人，鬼子以为是他们的长官，"哇啦，哇啦"地叫，刘达一听是鬼子，忙用不太流利的日语应付了几句，迅速招呼大家爬上南山。一行人跑得上气不接下气，都说跑不动了。刘达担心鬼子追上来，便从兜里拿出一个纸包说："我有救命丹，一吃就好了。"大家分吃后，果然精神大振，带着文件继续向安全处跑。后来有人问他，那天的仙丹到底是什么？他笑着说："其实是一包仁丹。"

这时根据地的发展到了繁荣时期，拥有晋察冀、冀中和冀热察 3 个战略区、1 个行署、1 个办事处、13 个专署、90 余个县政府和 1500 余万人口。它北抵长城内外，东、西、南三面分别以津浦、同蒲、正太、石德线为界，与山东、晋绥、晋冀鲁豫抗日根据地接壤，成为坚持华北抗战的最大的根据地。

刘达去边区向党委汇报工作，与去边区粮食总局开会的郭维真一路同行。路经骆驼岭时，两个农民赶着猪在前面走。刘达赶上去对他们说："你赶的猪是到邻村交配吗？你们不要太着急。咱们灵丘、阜平一带养的猪太少，不如灵寿、平山，特别是繁殖方面不如灵寿、平山，主要是交通不便，又怕敌人扫荡，这是不行的。"接着说："你们这里是山沟小道，敌人不容易来，这也是好的条件。养猪多了，既可以积肥，又可以改善生活，多吃一些猪肉。"

过了骆驼岭，经过董家村时，看见村里大人小孩都在养猪、做醋、做酱、磨豆腐、割青草沤肥料等，刘达由衷地高兴，说他们的经验可以向别的地方介绍。在刘达他们同行的几十里路程中，每到一地一村，他都要问农民的生活情况，注意他们的经验或是困难，以便向上面或有关同志反映，帮助解决。

刘达跟郭维真那天晚上住在大道村，一听说刘达来，左邻右舍的群众都来了。这个村枣树很多，有的群众送来了煮熟的香喷喷的红枣，还有的送来了香甜可口的糖饼子、枣干粮以及野菜、白萝卜等。吃饭时刘达又问起养猪、养牛、养羊的事，并且和大家算了一笔账，强调牛羊繁殖都很快，进一步引起大家养牲口的兴趣。不仅如此，经过大家的交谈，进一步密切了党群关系。

五、沉痛悼念李光汉同志

1941 年到 1942 年是根据地最艰苦的时期，冀中和冀东平原根据地大部丧失，根据地巩固区普遍缩小，游击区占 80% 以上。雁北地区的干部经常利用敌人活动的间隙开展工作。就在这个时候，地委书记李光汉同志重病缠身。由于敌人分割封锁，山里缺医少药，病魔夺去了他的生命。地委常委兼宣传部长赵凡同志和组织部长田坪同志一面筹划追悼会，一面主持工作。正在这时，区党委再次派刘达来雁北接替地委书记工作。在追悼会上，刘达沉痛发表讲话：

"1941 年 10 月 20 日上午，雁北的风怒吼着，在一个寂静的小山沟里，一个被日寇烧得只剩下两间小屋的村庄中，我们雁北根据地的坚持者和领导者，我们最亲密的战友李光汉同志，留下了他平生以来努力的革命事业与雁北广大群众和战友们长辞了。

抗日战争以来的残酷斗争，损害了他的健康，终于在最后领导了两三个月反扫荡斗争中一病不起了。这是日本帝国主义者戕杀了他，他是为了自己最忠实的革命事业与雁北广大群众而付出了最后一丝力气，光汉同志对党对人民对民族尽了最后忠贞，完成了他一生为革命奋斗的崇高理想，今天他未完成的事业，就落在了我们雁北全体同志的双肩上，这个任务是艰巨的光荣的，我们必须学习光汉同志的精神，才能完成这个任务。沉着坚毅，不怕困难，这是光汉同志一贯的精神。在坚持雁北的三年斗争中，曾遇到过不少严重困难，也取得很多胜利，但他从未向这些困难屈服或被胜利冲昏头脑，相反的，这只能使他更加努力和奋勉。上级分派给光汉同志的任务，光汉同志不但自己从未讲过价钱，而且他还用极其诚恳耐心温和的态度去说服与教育其他同志，坚决完成。

光汉同志是最关心群众利益的，对一切改善人民生活的工作，他一时都没有放松；对某些破坏群众利益的行为，他曾作过不屈不挠的斗争。

1939年秋季的严重水灾和1940年春旱，曾使光汉同志为群众生活而日夜焦虑，他曾用各种方式冲破敌人封锁，从非灾区调剂粮食救济灵丘群众，因而他成为雁北人民最敬爱的领导者。

对干部光汉同志是最诚恳和耐心的，他的恳切说服和耐心教育精神，可以使每一个干部心悦诚服。他对每个干部的缺点和错误，不管或大或小，从未放松过。直到他身体已经感到不适，就要病倒的前一天，他还为了帮助一个同志改正错误，勉强去参加一个两三个钟头的会议，因而同志们都感到他是一个严师和良友。

光汉同志的优秀品德和崇高精神，都应当成为我们雁北同志的楷模，我们要学习光汉同志的精神，坚持雁北阵地，特别是目前日寇正在准备侵犯苏联，雁北将成为我们直接配合苏联打击日寇的前沿阵地，我们的任务是更加艰巨和光荣了。"（原载1942年《晋察冀日报》）

刘达充分肯定了雁北的干部和人民在李光汉同志领导下取得的成绩，同时要求大家化悲痛为力量，继续奋斗，一定要把日本帝国主义赶出雁北，赶出中国去。刘达的悼词变成了号召大家继续前进的动员令。他向大家分析了全国的形势，介绍了在党中央领导下的八路军、新四军打击敌人，消灭敌人的胜利消息。极大地坚定了大家斗争的勇气和胜利信心。

追悼会后，刘达把刘素善叫到办公室，他说："我决定让现在跟我的小张返回区党委，让你第二次给我当警卫员，你看怎样？"刘素善听了这句话一下子愣住了，不知道说什么好，眼泪不由自主地掉了下来。

在刘兴隆（在国防科技大学任教，曾任雁北地委机关干部）的文章中有这样一段文字：

提起刘达，不能不使我想起日本帝国主义侵华的战争年代，不能不想起日寇在中国人民面前犯下的滔天罪行。仅一个雁北地区，据不完全统计从1937年9月至1945年2月就发生了大小38起惨案，有12122人惨遭杀害。日寇所到之处，奸淫掳掠，无恶不作。1943年3月1日我的家乡刘庄，就被日寇杀死父老乡亲243口人，我的父亲、母亲、大伯、大娘、嫂嫂、弟弟等七口人在这次惨案中惨死。全村1500间房屋被烧，300头大牲口被抢走，粮食除被抢走之外全部烧毁，30户家庭成为绝户。这仅仅是多起惨案中的一例。

惨案发生的那天下午，刘兴隆正在刘达的办公室。忽然电话铃急促地响了起来。

刘达拿起电话："我是刘达。"

对方很悲痛地说："我是赵凡（当时任灵丘县委书记），日寇在刘庄进行了惨无人道的大扫荡，整个村子，无一生还。"

刘达急切地问："刘兴隆家的情况如何？"

赵凡说："小刘家也全部遇难。"

刘达放下电话，回头看刘兴隆，刘达在电话中与赵凡的对话，刘兴隆早已听得清清楚楚，此时他心如刀绞，已经泣不成声。

刘达非常理解刘兴隆的心情，惨案发生后不几天，就安排他回家看看，并通知灵丘县委派人陪刘兴隆一起到了刘庄。

刘庄村内到处是厚厚的血迹，踩上去便是一个脚印。家狗、野狼把惨死的人群拉扯得随处都有，有的有头无身，有的断臂缺腿，还有的就是一条胳膊或是一条大腿，如此惨状到处可见，让人难以目睹。

刘兴隆回到地委，一心想着到最前线为父母和乡亲们报仇雪恨，情绪极其不稳定。刘达觉得这样下去不行，让汪琼把刘兴隆叫到自己宿舍，十分耐心地教育他，帮助他："小刘呀，仇一定要报，但这不仅仅是你个人的仇，而是我们中华民族的仇，是全中国人民的仇，上前线直接和鬼子战斗固然重要，但抗日的各条战线各种岗位都很重要，一个共产党员应该是最坚定最彻底的革命者，一个坚定的革命者不论遇到任何风浪，都要经得住考验。"汪琼也在一边不时地插话启发刘兴隆，让他化悲痛为力量，让他做好自己担负的工作，就是对成千上万死者的安慰，就是最好的抗日工作……

六、我们打大烟苗是错误的

1942年5月，刘达和汪琼的第一个孩子出生了。当他听到自己又有了儿子时，特意烤了三个土豆揣在怀里，到阜平县的一个小村子里给汪琼送去，并给儿子取名叫刘冀（中国林科院技术室主任，高级工程师，刘达三子），小名春旺，希望儿子能记住这片孕育他的黄土地，能在战争带来的残酷生活中像春天的小草一样旺盛成长。为了抗日能早点胜利，为了全国的老百姓都过上好日子，刘达只在妻儿那里住了一个晚上，第二天天没亮，又匆匆赶回地委办公室。

刘达第二次回雁北工作，由于地方武装不断升为主力部队，又由于主力部队陆续离开雁北，再加上日寇连续的扫荡和蚕食，造成干部大量牺牲，根据地日益缩小。繁峙县尤为严重。

为了打开这种被动局面，刘达决定从最苦难的繁峙县抓起。他先挑选马天水到繁峙县任县委书记，改组了县委领导班子，从地委和各县抽调一大批干部去充实基层。然后和马天水深谈了几天，亲自把他从灵丘县送到繁峙县柳树沟村。

刘达回到地委召开各种会议，将他和马天水分析的情况、提出的对策交给大家讨论补充，形成决议，付诸实行。为了支持繁峙县的工作，地委和雁北指挥所，还组织了一次拔除深入繁峙县内的敌人据点——神堂堡战役。刘达和高鹏一起负责指挥，他们冒着大雨，深入到战斗前沿指挥战斗。因为各种原因，据点没有拔掉，但毙敌10人，俘敌17人，缴获步枪20余支，各类物资800余箱，大大地打击了敌人的嚣张气焰。

由于采取了一系列有力的措施，再加上马天水肯动脑筋，深入实际，注意统一战线工作，会使用干部，能发现和解决问题，因此，繁峙县的局面很快就被打开，内地的敌人据点被逼退了，北山的根据地回复了，川下也成了雁北人民的天下，地委机关的驻地从三分区的阜平搬到了繁峙县的青羊口村。马天水因工作成绩突出，后被越级提拔为雁北地委书记、雁北军分区政治委员。

1942年7月，刘达派地委常委、浑源县委书记穆岳同志侦察桑干河的情况。根据了解到情况，着手组建了武工队。

为了把武工队的工作做好，他把在广灵县任教育局局长的魏明（中华全国体育总会副主席，曾任雁北广灵县委宣传部长）叫到地委。刘达告诉他："党中央号召到敌人后方去开展工作，扩大根据地，因此地委决定成立桑干河武工队，深入到大同、高阳、广灵、浑源等几个县的交界地区开展工作，建立游击根据地。我想派你去桑干河。"接着开会宣布成立武工队的党组织"工委"，任命魏明、康世安等为工委委员。

刘达对武工队的工作做了重要指示，特别指出桑干河地区人民群众经济上很贫穷，受敌人压迫很深，土匪又很多，八路军359旅在那里打过日本军，群众对359旅有极好的印象。他要求工委的干部要牢牢记住发动群众、依靠群众、团结群众的大多数去开展工作。

可就在临出发前，魏明病了，高烧 40 度。刘达决定让魏明先留在地委治病，并亲自为他打了一周的退烧针，刚退烧能吃点儿饭时，他让警卫员给魏明送去一碗热面条和两个荷包蛋。当时抗日队伍的生活那样的艰苦，魏明看着刘达对自己这样关心，爱护，感动得流下了眼泪。病好后，魏明要求立即赶到桑干河武工队去。临走的时候，刘达又把魏明叫到身边谆谆嘱咐："要好好注意休息啊！在艰苦环境下，没一个好身体是顶不住的，也坚持不了斗争的。"

不久，桑干河"工委"在政策上犯了错误，刘达在总结会上说，我们打大烟苗是错误的，犯了脱离群众的错误。日本人叫老百姓种大烟，老百姓不种，就要遭到迫害。我们打大烟苗，直接损害了老百姓的切身利益，老百姓就反对我们；打伪大村公所，也是一个错误，只要我们做好工作，可以利用伪组织为我们工作，成为两面政权。你打他，他就往据点里跑，坚决跟我们作对，不自觉地帮了敌人，也刺激了敌人，最后被敌人赶出桑干河。所以我们在工作中既要坚持原则，又要注意政策和策略。

由于在争取土匪时警惕性不高，武工队被土匪彭国璋、赵昌信给搞垮了。

1943 年底，刘达根据抗战形势的发展，第二次组织武工队。他决定派康世安任副政委。刚过春节，刘达就通过浑源县委通知康世安到地委谈话。

刘达说："老康，调你到桑干河武工队当副政委，你有啥意见？"

康世安说："没有意见，服从组织分配。"

刘达接着说："这次武工队质量比第一次好，都是从六团侦察连选调的排、班长，有在敌后独立活动的经验，武器配备也比第一次好，有一个手枪班。浑源的斗争残酷，穆岳同志暂时不能去。这次到桑干河开展工作比第一次困难大，日本人在山区已经制造了无人区，山南山北增加了好多据点，对我们进行封锁，老百姓也不欢迎我们。你这次去桑干河要接受前次教训，要掌握政策和策略，要关心群众的利益，不打老百姓种的大烟苗，在老百姓家吃饭要给钱。组织老百姓到下关来背布，解决老百姓没有衣穿的困难，还可把边区生产的土布运到口外（内蒙）换牲畜，既打开了边区土布的销路，也解决根据地老百姓缺乏牲畜的问题。老百姓在跑运销中还可以多挣点钱。不打伪大公所，不抓人，不以汉奸名义枪毙人，要多对他们及家属做工作，争取他们为我们工作，把敌人的政权变为敌我两面政权，至少使他们不坚决反对我们。"

刘达说完看着康世安说："你还有什么困难？"

康世安说："我的手枪不好用。"

刘达马上把自己的德国造三把驳壳枪换给康世安，然后目送他离去。

七、在废墟上组织生产自救

1939年秋天连续40天大雨和1940年的春旱，造成雁北地区的农作物几乎绝产，再加上日军对根据地采取的"三光"政策，雁北地区的群众生活遇到极大的困难，饿死人的现象时有发生，雁北地委机关也同样困难重重。灵丘大南山青壮年大部分参军去了，留下来的都是老人、妇女和小孩。坚强的灵丘大南山人民，坚决支援党政机关的干部开展抗战工作，腾房给他们住，自己吃树皮野菜也要拿出粮食给他们吃。由于吃不饱饭，营养不足，许多同志得了夜盲症。一到傍晚就看不清路，这对在夜间反扫荡、打游击频繁出击敌人非常不利。刘达对此非常着急。

就在这时，毛主席发出"自己动手，丰衣足食"的号召，刘达一方面领导全专区的大生产运动，一边认真地组织了地委机关的农副业生产。

他把雁北地委机关的同志分成两部分，一部分坚持工作，一个人顶两个用，把参加劳动生产的同志的任务担负起来；一部分集中主要精力进行生产，搞生产的同志要负责完成坚持工作的同志的生产任务。

在地委负责生产的领导同志带动下，雁北地委机关的生产大军，在当年开春以后就上山开荒种土豆和其他粮食，此外还组织短途背运粮食，在驻地组织种菜、纺线、打手套、织袜子。在敌人烧毁的废墟上平整土地，种白菜、西红柿。开展农副业生产一年就见成效，使机关内有了粮食有了菜，还有了零用钱。在秋后总结生产的会议上，表现好的同志受到了物质和精神鼓励，地委机关的王金贵同志因为组织生产得力，生产表现突出，被选为劳动模范并出席了专区的劳模大会。刘达在生产的各个阶段除亲自进行动员外，还给同志们照了很多珍贵的照片。

在他的带动下，地委机关形成了一个良好的传统：春天帮助群众，特别是贫困户送粪下种；秋天帮助群众秋收，这些活动，他几乎每次都参加。送粪的办法是：一是把机关的羊群赶到被帮助户的地里去卧粪；二是用几个大的牲口为群众去驮粪；三是全体机关人员用背篓为群众送粪。有一次，刘达的通讯员刘素善想往他的背篓里少添两铲粪，怕他背不动。刘达却坚持说："我能背动，你就装满吧。"每次劳动回来，他的衣服都湿透了，肩膀压得又红又肿，刘素善看了心疼，他却笑呵呵说："这是一次很好的锻炼。"

刘达关心干部群众，想方设法为他们排忧解难，为了解除群众和机关同志的病痛，他学着给大家看起病来，不论是传染病，还是疥疮，他都不怕脏、不怕累、不怕被传染，随叫随到。后来因为实在忙不过来，他就选了两个"徒弟"——王金贵和贾林。他们俩也像"师傅"一样，为病人尽心尽力地服务。宋庄的一位农民党员病得很厉害，刘达给他打针，吃药，很快就好了。一位刘姓的老大娘同刘达他们住在一起，说刘达真是一个好官，要做刘达的干姐姐。

为了增加大家的营养，刘达特别动脑筋，亲自到机关食堂，一方面派人买羊养羊，一方面把买回来的猪肉全部切成碎块，上锅炒成半熟，然后用缸储存，每顿饭舀上几勺，不一顿吃光。这样既可以看见猪肉，又解决了吃油问题。这些办法在当时的情况得到全体同志的拥护。刘达还亲自指示给患夜盲症的同志买羊肝吃。

反日寇扫荡结束时，李发奎调到灵丘县委工作，不幸患上了斑疹伤寒，躺在老乡家里治病。刘达知道后，亲自到老乡家看望他，接着又派分区司令部的医生来给李发奎治疗，打针吃药，还是不见好。后来刘达又请当地老中医为他进行诊断治疗。病情好转后，刘达又来到李发奎的身边，并将县委机关派来照顾李发奎的小刘同志叫过来，耐心地对他说："老李很长时间不进食了，胃肠的消化能力极度虚弱，可不能给他吃饱饭，不要吃不好消化的东西，要特别注意饮食和生活上的护理。"在刘达热情关怀和精心呵护下，李发奎得救了。

刘达刚刚治好李发奎的病，又听说王金贵换了疟疾，因高烧，眼睛的毛细血管破裂了，双眼几乎失明。刘达给区党委林铁书记写了封信，安排王金贵立即赶往平山县树石村治疗，还捎给王金贵10元边币让他买些药品。王金贵经过三个多月的治疗，眼疾奇迹般地好了。

残酷斗争，连年累月地劳累和奔波，使大家身体都很虚弱，刘达看在眼里，疼在心里。怎么能让他们休息休息、养养身体呢？刘达在办公室里徘徊着，思索着，最后决定将专区群众团体的10余名干部集体休整，安排他们在一个比较安全的地方休整，并改善伙食，使他们有更充沛的精力投入新的战斗。

1944年2月，刘达与汪琼的第二个儿子出生在山西灵丘县，取名叫刘晋。

因实行一元化领导，刘达改任五分区地委副书记兼分区政治部主任，后任地委书记兼政治委员。

从 1943 年到 1945 年的大生产运动中，刘达经常穿着半截裤与地委机关同志一起打坝造田，一起住在河滩上的破帐篷中，一日三餐在野外。上山开荒时，每人两个老玉米红枣窝头，一块大咸菜，渴了就喝冷水。刘达跟其他地委机关的同志不但要完成生产任务，做群众的思想工作，休息时还要处理地委日常工作。

随着抗日战争局部反攻，根据地又得到了发展，这个时候，刘达得知有一个县领导干部滋长了一种骄傲情绪，生活上不够检点，立即严厉地批判了这种现象，并且还说，这种情绪什么时候也不能滋长，到什么时候都不能忘记自己是一个共产党员。

1945 年 8 月的一天，当人们还在睡梦中的时候，忽听得外面有人喊："日本鬼子投降了！""日本鬼子投降了！"于是，整个雁北的人民都起来了，打开窗户，打开门，奔走相告。很多人在自家的院子里唱啊跳啊。刘达听到喊声，叫起汪琼，抱着两个孩子走出了宿舍。老乡们来到刘达宿舍门前，看着刘达高兴得合不上嘴。刘达饱含深情地对大家说："我们终于迎来了这一天！"

1945 年刘达同志与夫人汪琼在河北省阜平县

冰城

释爱

第三章

一、彭真同志同意了，你就来吧

　　日本投降不久，刘达被代理中共晋察冀分局书记程子华召集到区委开紧急会议。会上，刘达被任命为大同市市长。刘达接到任务后立即告别家人，带领20多个干部去大同接受日本军队投降。

　　刘达带着大家几经辗转，走到大同附近的时候已经是1945年8月底了。刘达赶紧与活动在大同附近的李涛会合。刘达听了李涛的报告后，写信给大同日本军司令柳下旅团长，令其向我军投降。柳下旅在回信中说，只能向阎锡山、傅作义投降，不能向八路军投降。刘达忙派人进城打探，原来阎锡山的代表楚溪春已经进入大同，和日军接上了头。刘达十分焦急，身边没有自己的军队，也无重武器，只有跟他一起从晋察冀来的20多名党政干部，强攻大同是不可能的。不能强攻，只好在原地待命。这时，刘达忽然接到晋察冀分局通知，限他三天内赶到涞源接受新任务。军令如山，刘达次日即带领警卫员一名、通讯员一名，经灵丘县直奔涞源城（这时涞源城已经解放）。

刘达赶到涞源城时，这里已集中了东北籍各方面负责干部30多人。晋察冀的领导胡锡奎召集大家开了个会，原来冀察热辽军区部队在东北境内迅速扩大，急需党政军各方面有经验的东北籍的同志前往协助。会上指定刘达、钟子云（曾用名王友，原煤炭工业部副部长，曾任哈尔滨市委书记）和李常青三个人组成领导小组，率领这批干部迅速向东北进发。

此时的刘达别提心中有多么的喜悦！东北，他的故乡，今天终于能回到她的怀抱了！打倒日本帝国主义，解放哈尔滨，这是多么豪壮的梦想，如今就要实现了！

因工作需要，刘达改回原来的名字刘成栋。

刘成栋跟要去东北的干部们在涞源县等了三四天。这时张家口解放了，晋察冀的领导们又到了张家口，刘成栋带着干部们追到了张家口。在那里补充了冬装，由张家口出发，跟随队伍步行向承德前进。一路上绕过好多还没有解放的城市。9月末到了古北口。古北口属于苏军管辖区，电话可以直通苏军司令部。有会说俄语的同志给司令部打了电话，请他们派车来接。当天就来了一辆卡车，把大家接到了承德。苏军司令部在避暑山庄东部，苏军说承德有我党的办事处，让他们自己去找。

因为缺乏交通工具，刘成栋一行人只能在承德等。刘成栋本来就是个急性子，是争分夺秒做事的人，如今要他在承德闲着干等，难受得不得了。他找到钟子云说："让那个会说俄语的同志跟苏军商量商量，请苏军想办法，帮我们快点离开承德。"钟子云跟刘成栋的心情一样，都恨不得立即回到家乡，投入到新的、更艰巨的工作中去！经过沟通，苏军同意让他们乘坐押送日军战俘的火车去沈阳。终于可以出发了，刘成栋兴冲冲地带领大家登上了火车。一路上，火车总是要停下来，加水加煤。刘成栋说："这火车慢得像蜗牛，什么时候能不用加水加煤，还能飞快行驶就好了。"大家却很开心地说："这比走着快多了！"

刘成栋一行人到达东北大工业城市沈阳。一下火车，一个穿八路军军装的军人都没有，大家开始疑虑和失望。经过打听，一个中年知识分子打扮的人让他们去公安局看看。大家找到沈阳公安局，在那里找到了焦若愚。焦若愚说，沈阳来了很多中央派来的负责同志，住在城内的原大帅府内（当时已经改为沈阳图书馆），于是，大家又找到了那里，与彭真、陈云、叶季壮、伍修权等见了面。

根据中央决定成立了中央东北局，彭真主持全面工作，陈云为副书记兼组织部长。

彭真看见了刘成栋，非常高兴地说："小学生，你也来了，很好，你就当东北局的秘书处处长吧。"

当时随领导来的除了警卫员就是通讯员，秘书长没有多少事做。刘成栋可是忙惯了的人，闲不住。他看见陈云夜以继日地和干部谈话，分配工作，十分忙碌，就直接找陈云毛遂自荐说："我是从晋察冀来的地委书记，也当过组织部部长，现在秘书处工作，实际上无多少事做，我看你分配干部很忙，我是否可以来帮你做些工作？"

陈云看了看刘成栋说："你到我这里讨事，那太好了！你就来吧。"

刘成栋说："彭真同志已经分配我当东北局的秘书处处长，你和他说一下，他同意我就来。"

下午，陈云对刘成栋说："彭真同志同意了，你就来吧！"

从此，刘成栋就跟陈云一起工作了。

一周之后，为了加强对东北北部地区的领导，中央决定成立东北局北满分局，陈云任书记，刘成栋作为陈云的秘书，还有五六位工作人员携一部小型电台，由两位穿红军制服的抗联同志（其中一位是陈春树），护送他们离开沈阳到了长春。

刘成栋跟随陈云在长春待了十多天，得知当时哈尔滨组织武装工作发展很快，干部比长春还少，多次向陈云报告，要求派干部支援。因此，刘成栋被派往哈尔滨。

刘成栋到了哈尔滨第三天，陈云也到了，接着张秀山、聂鹤亭、张永励等一批同志也到了哈尔滨市。这时，刘成栋他们原来住的大直街26号已容不下了，只好迁到花园街25号一栋原邮局的高级职员宿舍，但仍是很拥挤，整个地板上都睡满了人。

当时苏联红军根据中苏条约对全东北实行军管，主要城市的官员也均由苏军任命。李兆麟被任命为滨江省副省长，是唯一一位以中共身份公开活动的人。

陈云在长春时就考虑到调整组织，正式任命干部，他到了哈尔滨之后，了解了各地都急需干部去开展工作，因此北满分局在共产党还没有公开的情况下，决定取消原来的松江工委，成立松江省委，张秀山任书记，钟子云任副书记，聂鹤亭任司令员，卢东生任副司令员；成立哈尔滨市委，当时市委成员有李兆麟、杨维、毛诚、聂鹤亭，钟子云兼任书记。

因为苏联和国民党政府有正式协定，1945年末国民党接收大员到达哈尔滨之前，李兆麟即辞去滨江省副省长职务，专任中苏友好协会会长。苏军虽然不允许共产党公开活动，但是对一般群众性活动，如组织工会，出版报纸等还是支持的。

光复之初，广大群众由于敌伪长期封锁消息，对共产党、八路军八年抗战中的丰功伟绩知之甚少，再加上国民党的造谣欺骗，受国民党的宣传影响较深，误认为中国抗战胜利是蒋介石的功绩。为了揭穿国民党的片面宣传，并把东北沦陷14年以来共产党在抗日救国事业上的主张和业绩告知广大群众，办份报纸是十分必要的。所以刘成栋到哈尔滨之初，根据陈云的指示，积极出版《哈尔滨日报》，当时报社就设在霁虹桥一边的原《大北新报》报社旧址，由唐景阳、陈非等几位同志负责。

刘达同志与陈云同志合影

二、你这个人就是太急躁

陈云到了哈尔滨当天晚上，就在离大直街不远的一处房子里召开会议，研究北满地区当前形势和今后的任务，会议刚结束，不知谁想起陈云的行李还在大直街另一处房子里，刘成栋站起来就要去取。卢东生却拦住他，说自己会讲几句俄语坚持要去。哈尔滨是苏军军管区，日军又刚刚投降不久，整个社会秩序比较混乱，卢东生出于保护刘成栋才争着要去的。后来一位同志说："还是东生去吧，我这里有一支手枪，你带上。"于是卢东生带着陈云同志的警卫员就去了。

放行李的地方距离开会的地方很近，往返不过三四百米，可是过了两个小时还不见他们回来，刘成栋便回到宿舍去看，只见警卫员一个人。一问才知道他俩在取行李回来的途中出事了，他们的行李和手枪被两个不法分子抢走后，又把他们带到老巴夺下坎①，当时警卫员只听到一声枪响，立即卧倒，滚下下坎。等了几分钟没动静，他就一个人慢慢爬上坡，跑了回来。卢东生的情况他就说不清了。

刘成栋立即返回开会地点，向大家做了汇报。这时已经过了12点，除了打电话向苏军有关部门报案外，只能等到天明再说了。

次日早四时许，刘成栋跟陈云的警卫员沿着夜间他们走过的路线寻找，到老巴夺下坎往下看，卢东生已经死在斜坡的下半坡上。刘成栋回来向陈云报告，陈云十分悲痛，并简单地介绍了他的经历。卢东生是一位身经百战的老干部，贺龙部下得力的战将，陈赓同志的挚友。刘成栋听后更加悲痛万分。

卢东生之死在刘成栋心中留下一个伤痛，一想起来就悲伤不已。带了一套新衣服和一口棺材，到南岗苏军医院太平间，把卢东生的遗体接出来，用一个假名字和假住址，想报停在极乐寺里。极乐寺的主持不愿意寄存，刘成栋说了好多好话，才勉强答应在一个不起眼的角落存放。

哈尔滨解放后，刘成栋去极乐寺看望卢东生的停灵厝，仍在原来的位置没有动，主持知道刘成栋是市长后，深表歉意，于次日把棺木移到一处大厅中，东北全境解放后，刘成栋请示李富春（曾任东北局副书记，东北人民政府副主席，东北军区副政委，国务院副总理，政治局委员、常委，中央书记处书记），重新把这位身经百战的名将葬于农学院林场中。当时，刘成栋立了一个甬碑，但碑文无法写，不便说他是如何被害的，刘成栋拟了一个碑文，李富春看了说："算了吧！不用碑文了！"因此，只在碑的正面刻了"卢东生烈士之墓"七个字。后来贺龙和陈赓来哈尔滨时，都到卢东生墓前祭悼，送了花圈。

苏军在东北地区根据和国民党政府签订的条约，对东北进行军事

---

① 老巴夺：当时哈尔滨的一个区；下坎：下坡。

管制。他们解除了日军武装，拆除了军事设施，摧毁了伪政权，建立军管政权，没收了一切属于日伪的财产，维持了社会秩序，为军费开支而发行了军用货币。这里的政权既不属于国民党，也不属于共产党，所以除了苏联国旗外，不准挂其他国旗。

1945 年 12 月 20 日，苏军司令部命令北满分局所有的武装保安队伍在三天内一律撤到哈尔滨市以外，违者解除武装。刘成栋跟很多同志一样缺乏这种思想准备，感到十分突然。经钟子云与苏军联系也无效，只好坐大车或徒步向宾县方向撤去。

宾县在哈尔滨东南方，约离哈尔滨 100 多华里。当刘成栋他们走到距离哈尔滨约 20 华里，路经"金家窝棚"时，突然村内有人向他们开枪。有经验的干部立即组织十几名战士向村内冲去，对方见状立即跑散。后来得知是地主武装怕北满分局的队伍进驻他们的村子才开的枪，陈云称之为"金家窝棚的枪声"。

队伍继续前进，中午 12 时到达位于哈尔滨与宾县之间的蜚克图（约百十户人家），停下来休息。饭后，一部分对离开哈市想不通的人来找陈云，建议队伍在蜚克图暂住，了解哈尔滨的情况。陈云虽然不同意，但还是答应下来。

等那些人走后，刘成栋向陈云表示："在蜚克图既不能了解哈尔滨的情况，又不是自己的根据地，停在这里没有什么事可做。"

陈云批评他说："你这个人就是太急躁，为什么不可以等几天，等他们想通了再去宾县，有什么不好呢？"

果然，三四天后，那些人来见陈云，要求到宾县去。陈云立即同意，第二天下午就到了宾县县城。

在刘成栋撤离哈尔滨之前，汪琼带着孩子跟警卫员，由张家口经沈阳北上。因汪琼跟孩子误以为刘成栋在长春，已经在长春下了车，这使刘成栋十分焦急。

陈云同志说："不要急，再等三四天，如果还不来，你可以亲自去长春找。"就在这天上午，李兆麟从他的办公室里打来电话，陈云接的。刘成栋听见陈云问："娃娃们都好吗？如果在天黑以前能到，那就尽快把他们送到这里来吧。"然后陈云对刘成栋说："长春不用去了，老婆娃娃都平安到来了。"刘成栋心里像一块石头落地了。

刘成栋在宾县不仅是陈云的秘书，也是个交通员。他经常往返于北满分局和哈尔滨市委之间汇报沟通，传达指示。刘成栋当时不是市委委员，但可以参加各种重要会议，他的任务是了解哈尔滨市的各方面情况，然后向北满分局汇报，北满分局有什么决定，再传达给市委。幸而在新阳区有一个朝鲜人组织起来的"高丽技术协会"，他们有两三辆卡车跑宾县和哈尔滨做生意，刘成栋就经常搭车往来宾县和哈尔滨之间。

在宾县初期，北满分局调少数干部，再加上当地进步青年组成了工作团，到宾县附近各区开展工作。提出发动群众的纲领是消灭土匪，惩办罪大恶极的有血债的警察、特务，把开拓团（开垦土地的日本移民团）、满拓团（被日本人强制去开荒地的东北老百姓移民团）的土地分给无地和少地的农民耕种。

但是国民党组织起来的土匪和伪警察、特务，都是分散的，来去不定，与当地地主、流氓关系密切，消息灵通，大部队捕捉他们很困难，工作团躲避他们也不容易。有一次得到情报，得知有大批土匪武装在上八家子集合整编。北满分局侦察后，便去消灭这股土匪，经过三四个小时的激烈战斗，虽然消灭了一部分土匪，但是由于军服过于单薄，被冻坏手脚的干部战士约有百余人。

从这以后，部队的服装补给就显得非常重要。陈云经常念叨：金家窝棚、上八家子，手套、帽子、靰鞡、大衣。

由于日寇统治北满多年，缺乏纤维制品，皮革也不多，做靰鞡要用的生牛皮就更缺了。刘成栋发动大家想办法，在所有控制的县镇范围内，千方百计找这些东西。

当刘达听说有人对日伪存放这类物资的地方了解得多时，立即找到他，在他的帮助下，很快在哈尔滨市搜集到近10万张牛皮和一部分棉纱、棉布，解决了过冬问题。

三、刘成栋，你办了一件大事

当时共产党的主要任务是消灭国民党在北满组织起来的伪军、土匪以及地主武装（即所谓"地下军"，群众称之为"中

陈云为刘达同志题字

央胡子"）。不完成这个任务，建立政权，分种开拓团、满拓团的土地就无法进行，建立人民武装也很难成功。

刘成栋随陈云到宾县后开始筹备召开各县人民代表大会，建立松江省政府。不久，这个会如期开幕了，到会的各县代表有一百多人。刘成栋根据陈云的指示，代表陈云在大会上讲了话，当时的省委书记张秀山也讲了话，讲话主要内容是揭露蒋介石不抵抗政策，使东北三千万父老乡亲沦为亡国奴；讲了共产党依靠群众进行八年抗战，在同盟国的支援下最后战胜了日本帝国主义，也着重宣传了东北抗联奋战十四年的英雄事迹。会上，还给抗联领导人发了金质奖章，选举冯仲云为松江省省长。从此，北满分局在全省范围内真正成为合法政府，为与国民党斗争创造了很有利的条件。为了宣传抗联的抗日救国事迹，冯仲云还在《哈尔滨日报》上发表了"东北抗日联军十四年苦斗简史"。

大约到宾县不久，得知在哈尔滨新香坊区原日军军火仓库中存有大量黄色炸药。陈云派刘成栋去执行，设法运回宾县。

刘成栋很快集中了一百多辆大车，坐在第一辆车的副驾驶位子上率领车队直奔新香坊。他先到苏军主管部门去联系，苏军当即派一名中尉开吉普车领他到新香坊日军仓库，大车也都随着进了仓库。在苏军帮助下，从下午两点开始，一百多辆大车很快就装满了一箱一箱的黄色炸药。

刘成栋带领大车队回到宾县已经是黑夜了，当晚，陈云和高岗（原名高崇德，曾任东北局第一书记、中央人民政府国家计划委员会主任、1954 年 2 月在中共七届四中全会上因同饶漱石进行分裂党、篡夺党和国家最高权力的阴谋活动受到揭发和批判）听了刘成栋的汇报后，非常高兴地问他大约多少？刘成栋说："估计在 200 到 300 吨之间吧！"陈云说："刘成栋，你办了一件大事！这可能是我们红军建军以来，第一次拥有这么多黄色炸药。"

宾县附近的通河县被中央胡子占据，对北满分局是一个很大的威胁。北满分局的部队经过一段时间的整训和补充，提高了战斗力，准备消灭这股敌人。

过了几天，由李天佑指挥，高岗也随军到了通河前线，开始按照原计划攻打通河城，由刚参加北满分局部队的旧炮兵出身的邓昶指挥追击炮，集中袭击了预定的薄弱工事，命中率极高，工事很快垮了。我军随即攻入通河，土匪瓦解逃散或被俘。解放了通河，宾县的威胁解除了。高岗回宾县后，盛赞邓昶指挥的功绩。解放通河战斗，是我军在老部队到来之前打得很漂亮的一次战斗，提高了我军的威信和士气。

攻占通河之后，一位苏军少校由李兆麟陪同来到宾县和陈云交涉，要求北满分局迁到距离哈尔滨更远一点的通河县城，大家都很难理解，但是经过反复商量、讨论，最后还是接受了苏军的建议，迁往通河县城。

通河县位于松花江畔，轮船和公路均通往哈尔滨，又位于主要林区之中，木材丰富。城内有一座300千瓦的火力发电站，还有一些小的以木材为原料的工厂，周围"开拓团"、"满拓团"土地很多，粮食充足，从经济上看比宾县富裕多了。

迁到通河县后，北满分局住在一个伪满时的当铺里，干部们分散住在群众家里。

刘成栋住在一个姓周的林业技术员的家里，这位技术员没有事儿的时候就给刘成栋讲森林的重要性，如何伐木和运输，以及木材的价格等等，并告诉他在林区里还有数万立方米的木材已采伐尚未运出来，这是一笔可观的财富。他建议刘成栋应当组织本地林业工作者，把这批木材运出来。刘成栋把这位林业技术员的意见向陈云汇报了，陈云认为这个意见可以考虑，叫刘成栋负责找几位当地林业工作者来研究办理这件事。刘成栋当即约请了六七位林业工作者，并在原邮局的房子里挂上"通河林业局"的牌子，开始工作。第一步就是分路进山，调查了解日本投降前采伐木材情况，研究如何编排外运、由哪里出河和存放等。

为了积蓄力量，我军以迅雷不及掩耳之势扫荡了三肇地区的土匪，解放了三肇地区一些县城，同时北满分局执行了反奸反霸，分"开拓团"和"满拓团"的土地给群众的正确政策，群众已初步发动起来，部队迅速扩大。

苏军告诉北满分局，他们决定于1946年5月内全部撤出东北。为在苏军撤走时我军能立即占领哈尔滨市，北满分局的领导机关又从通河县迁回宾县。

刘成栋被派遣从宾县经呼兰河越过正在融冰的松花江进入哈尔滨市，找到留在市内的钟子云、毛诚等同志，探听苏军撤走的确切日期和苏军对北满分局进驻哈尔滨的意见，了解国民党在哈尔滨市到底有多少地下武装。

刘成栋在哈尔滨停留了四五天，直接返回宾县县城。这时我们的武装力量和机关工作人员全部集中在宾县县城，根据刘成栋了解的情况，北满分局决定进占哈尔滨。

听说苏军统帅马林诺夫斯基的总部已撤到哈市，我军缓缓向哈尔滨市三棵树移动。就在这时，哈尔滨市工商学各界头面人物30余人来到宾县县城，求见陈云，请求我们早日进入哈尔滨市，维持社会秩序，并避免在市内发生武装冲突，使人民遭受生命财产损失。凡这类事，陈云规定一个原则，要刘成栋代表他见面。因为刘成栋经常去哈市，在上层人物中，刘成栋和一些人物都相互认识。刘成栋和他们见面后，看了他们带来的请愿书，按照陈云的指示，首先表示热烈欢迎，并接受他们的请求，让民主联军进驻哈尔滨市。

在接见交谈中，遇到一个问题，就是避免发生武装冲突问题，这是他们前来请愿的主要目的。刘成栋按照陈云的指示，说民主联军绝不愿同室操戈，希望哈尔滨能和平解放。这个问题关键不在我方，要看国民党地下军是否抵抗，如果他们不加抵抗，我们就保证不进攻他们，以保障全市人民生命财产安全。这些代表对哈尔滨市的情况了解得比较清楚。他们一口答应，担保对方不会抵抗。后来又谈了一些情况，他们才说除那二百多名伪军改编的保安队外，所说的国民党地下军多少多少，只不过是写在纸上的数字。而且那二百多名保安队，现在已开始脱掉军衣，陆续向江北逃跑，根本没有抵抗的可能性。刘成栋把这些情况向陈云汇报，陈云认为所说情况基本可信，可以达成口头协议。

1946年4月28日，苏军后卫部队离开了哈尔滨市。我军先头部队几乎同时进入哈尔滨市，未放一枪，解放了哈尔滨市，由于事先做了比较充分的准备，无论是机关还是部队，都直接进入原定的驻地，未发生任何混乱。

四、我就是新来的市长

1946年5月3日，刘成栋被松江省政府正式委任为哈尔滨市市长，即日到任工作。

这天，哈尔滨市旧政府的官员听说派来了新市长，一大早都聚集在哈尔滨市道里区警察街80号楼——中共哈尔滨市委办公楼。他们刚走到市长办公室门外就听见有人在屋里打呼噜，大家议论纷纷，最后有人提出进屋去看看，有谁这么大的胆子敢睡在市长的办公室里。大家进屋一看，一个身穿旧军装，腰扎皮带的人躺在市长的办公桌下酣然大睡。

有人说，这怎么了得，得赶紧把他叫走，要不然，市长大人一来，看到这个样子还不大发雷霆？

大家忙把睡觉的人叫起来，睡觉的人揉揉眼睛说：大家都来了，不好意思，昨天回得太晚，睡着了！

有人说，你赶紧走吧，一会儿新市长就要来了，看见你在他的办公室里睡觉，那还了得！

刘成栋哈哈一笑，我就是新来的市长——刘成栋。

大家哗然，心中对他多了几分敬意。

原来在宾县时，北满分局已决定派刘成栋担任哈尔滨市市长。进入哈尔滨市这一周，他没有直接来就职，而是到群众中了解民情去了。对伪满及国民党接收后遗留下来的一千二百多名市政府工作人员如何安置，各局局长应聘请哪些社会知名人士出任等，都需研究。

没日没夜的工作，直到昨晚才回到办公室，他到了办公室，躺下来就睡着了。

刘成栋上任第一天，听取了原国民党市政府一位秘书处长的汇报。他主要介绍了原市政府有几个局和局长的情况，随后引导刘成栋到各局与工作人员见面。刘成栋为了安定人心，对大家讲了几句话："希望大家努力工作，奉公守法，不贪污，不营私舞弊；我们对大家一视同仁，有功则赏，有过则罚。"

刘成栋的首要任务是支援战争，他除收集各种战争物资外，还得筹集军费，安置伤病员，并准备安排东北局领导机关等。

哈尔滨历史上是一个商贸城市，农产品加工业比较发达，大商店可以直接从国外进口货物，并向东北中小城市批发。大约有七八家大的火磨（制粉）和十三四家较大的制油场。其他工业除了中长铁路的附属工厂外，还有一些民产品加工服务的中小工厂。但是这些工厂经过日伪14年的统治，已日趋衰败，国外商品来源已几乎完全断绝，本市能够制造的小商品也因日军的经济掠夺而无法继续生产。整个哈尔滨的经济日渐衰退，工厂、商店停业，工人、店员失业的很多。哈尔滨的粮食、燃料、动力都很紧张，物价上涨很快。尤其是国民党军队占领小丰满水电站后，切断了哈尔滨的电源，哈尔滨市虽然有一个发电厂能发一点电，但只能供铁路、主要工厂、机关照明，市民已无电照明。全市的日供水量只有5000吨，市内公共交通车辆基本停止运营。

在这种情况下，刘成栋采取了包销、加工、订货的做法。比如油坊没有原料，刘成栋就安排人送原料，豆油、豆饼归市政府出售。他还亲自到哈尔滨市 13 家较大的油坊去协调。为了支持哈尔滨的制粉业、制油业恢复生产，市政府还发放贷款、提供原料。产品包销是从老巴夺卷烟厂开始的。到 1946 年底，哈尔滨市八家油坊自市政府贷款、豁免税收后，相继复工，日产豆油达 19 吨。

为了管理好一切有利于人民生活和支援战争的私人工商业，刘成栋在市政府内部建立工商行政管理局。其主要任务是：制定对私营工商业的具体政策和行政管理条例。在这些私人企业里，组织有工人、店员、职员、技术人员和经理参加的工厂（或商店）行政管理，实行分红制度，加强劳资合作，以逐渐达到公私兼顾、劳资两利的目的。对工厂、商店进行民主管理，并组织工人工会和店员工会，代表工人、店员监督工厂正常生产，使商店合法经营，照章纳税，保证工人、店员所得到的一切政治民主和生活改善的权利。对于一切违法生产经营的工厂、商店的负责人，进行必要的经济和刑事处分（如罚款、拘留等）。混乱以及逃跑的不良现象，经过艰苦的思想政治工作和政府制定各项工商业行政管理条例，都相继得到解决。

在进入哈尔滨之前，刘成栋在市内进行了一些调查，了解到在工商界中真正和日本人勾结并借日本人势力发了财的人有马子原（即马延禧，他还有个日本名字——延禧三郎），他在三棵树设有酒精厂，为日军提供战争用的燃料。还有徐老五（即徐彭志），他借日本的势力强行买走双合盛制粉厂，从德国进口了一套油脂化学生产的现代化设备。民主政府成立之初，即宣布马延禧、徐老五为汉奸，没收其一切财产。

哈尔滨刚解放时，社会秩序很乱，匪患猖獗；国民党留下来的一批特务、地下伪军等经常利用封建会道门、大烟馆、妓院、赌场，搞反动宣传和破坏活动，市内发生过几次绑票和杀人事件。

刘成栋非常重视，亲自安排卫戍司令部和公安保卫部门进行调查侦破。调查中发现敌情。张永励（吉黑军区后勤部部长）派佟琦（吉黑军区后勤部调查科科长）打入国民党新编 27 军，抓住该军军长姜鹏飞，同时得知国民党特务李明信正要暴乱。刘成栋掌握情况后，立即安排民主联军对暴动分子一网打尽。

8 月 28 日凌晨，与姜鹏飞勾结的国民党中央执行委员会、敌后工作委员会、东北四省分会军事委员李明信，利用普济佛教会、黄枪会、一贯道等迷信封建团体组织敌伪余孽，在太平桥、顾乡屯和新阳区发动暴乱，因民主联军早有防备，只用半个小时就平息了暴动，捕获了姜鹏飞及其参谋处处长姜凤鸣、军需处处长张富平、国民党中央胡子第六路军第三军军长崔大刚。短短几个月，哈尔滨公安武装就肃清了"北海"、"方有"、"于兴随"等大大小小的土匪近百伙。

妓院、赌场不仅是藏污纳垢之所，而且还是各类反动分子的藏身之地。刘成栋下令取缔了妓院、赌场。用强制措施把妓女送往矿山林区；查封赌场，对数额巨大、情节严重的赌徒采取没收财产、罚款、劳动改造等方式进行管理。

取缔妓院、查封赌场后，他又创办了劳改农场，组织服刑的反革命罪犯、刑事犯参加生产劳动。他还让市法院院长王怀安将犯人迁至香坊农场，规定犯人每人开三分地，超额完成任务的给予物质奖励，既改造了犯人又创造了财富，很多犯人在这里经过改造得到释放。在这段工作中，刘成栋初步摸到了改造犯人的门路。后来哈尔滨市秩序逐渐稳定了，犯人少了，天津解放后，还从天津转来近千名犯人到香坊农场劳动改造。

刘达同志在任哈尔滨市市长期间讲话

五、对人民有利的就不能取消

哈尔滨解放后，要不要把一切旧的秩序全部取消？在当时一部分干部中是有争议的。在市委第一次会上，有的同志认为旧社会的一切秩序都应该取消，因为那都是统治人民群众的。当时，刘成栋苦苦思索，想不出反对这种意见的理论和根据。后来他提出："对秩序要有分析，不能说都是对群众不利的，比如，汽车必须绕行喇嘛台的交通秩序，还有邮电通讯等，虽然是旧的秩序，但对人民有利的就不能取消。"

东北局撤到哈尔滨以后，北满分局即撤销，合并到东北局。哈尔滨市政府的重要工作直接由东北局决定，一些重要工作刘成栋必须向陈云请示汇报。后来王稼祥病愈由苏联回国，到哈尔滨任东北局城市工作部部长，刘成栋又经常向王稼祥请示汇报。

市政府被直接接管后，刘成栋对其加以必要改造，如市公安局要进行全部改组。彻底肃清国民党所潜伏下来的汉奸、特务和不良分子，以纯洁和保卫我们的政权，便于和卫戍部队密切协作，迅速恢复和建立革命的新秩序；对其下属各区的公安分局及警察派出所，原则上按照稳妥、有步骤的方针进行改组。

对于伪满及国民党接收后遗留下来的一千二百名市政府旧职员（多数都是知识分子），如各局、处、室等各级人员，除个别有劣迹的或不辞而别跑到蒋管区的人员以外，一般都予以留用，并创立了行政讲习所，安排那些雇佣思想严重、不适应新的民主政权战时工作需要的旧职员到那里学习。每期两个月，集体学习，薪水照发，毕业后由市政府分配工作；对其中有威望的上层技术人员提拔任用，如卫生局长张柏岩、城建局长邓恩诚、财政局长何治安等，以便团结更多的公务人员。经过一段时间，为了适应新政权的需求，市政府进行精简机构，裁减人员，充实领导骨干，改变工作作风，提高了工作效率。

市政府还吸收具备入党条件的人入党。在哈尔滨知识界很有影响的教育局副局长罗明哲，在抗日战争时期曾经参加过地下国民党，光复后公开声明脱离国民党，积极参加我们党领导的革命工作，申请加入共产党。经过认真讨论，刘成栋说服了有不同意见的人，接受他为中国共产党预备党员。

刘成栋还把市属国有企业和公用事业的广大工人职员，技术人员及行政干部组织起来，迅速恢复和建立起新的生产秩序和工作秩序。按各种不同的行业，在其内部实行民主管理，组织有行政领导、工程技术人员、职工、工人代表参加的管理委员会及其他形式的民主管理机构。特别对工程技术人员给予重视和任用，团结他们为人民服务。刘成栋还以市政府的名义，在各个公营工厂，如发电厂、电车厂、自来水厂、铁路工厂等组织劳动竞赛和评选劳模的群众运动，以达到团结互助的效果。

我军撤出四平后，东北局领导机关撤出长春。国民党军队在美国支援下直下长春，大有一举吞下全东北之势。这时，东北局做出了撤出东北的准备。

刘成栋工作非常紧张，一方面要把军事物资、老弱病残和一些非战斗人员撤走；另一方面要准备对可能被敌人利用的设施进行摧毁。

有人对一些既可军用又可民用的设施，是否也加以摧毁产生了争论。争论最激烈的是铁路大转盘（机车掉头设备），有的主张摧毁，有的坚决反对。最后，考虑到人民群众的生活需要，刘成栋决定保留。

陈云通知刘成栋随他一起撤走。刘成栋认为自己应随卫戍部队最后撤离哈尔滨。陈云告诉刘成栋："这是前线指挥员的意见，你必须照办。"刘达不得已贴出端阳节放假三天的布告。三天没到市政府上班，等待随陈云同志撤退。

在准备撤退的时候，哈尔滨知名人士李国钧特意跑来问刘成栋，他是否跟刘成栋撤走。他说："我跟你们走，打仗的时候就成了累赘；我若不走，国民党来了，把我抓起来、关起来都不要紧，如果国民党逼我讲共产党的坏话可怎么办？你们在的时候，我说共产党好；你们一走，我又说共产党不好，我的脸面在哈尔滨就丢尽了。"

刘成栋把李国钧的思想向陈云作了汇报，陈云让他转告李国钧："我们不怕麻烦。如果你愿意跟我们走，一定照顾好；如果国民党来了对你没有什么危害，也可以留下，在今后的民主革命中是会再见面的。"

后来，我军在长春以北伏击歼敌两个精锐团，国民党军气势锐减，退回长春，只派了少数部队在陶赖昭与我军前哨隔江对峙（陶赖昭铁路江桥已经被破坏，形成以江划界的局面）。这时，我军在辽南、安东、临江一带尚有相当一部分主力部队和广大游击队、游击区，与北满相互呼应，造成敌人腹背受敌，不能集中力量对付北方的有利形势，对巩固和发展北满根据地起了重大作用，因此，刘成栋跟东北局的同志没有离开哈尔滨。

当时准备撤离哈尔滨时，干部家属拟撤往佳木斯一带，由于局势需要，刘成栋家里住有警卫战士。孩子们跟战士们处得很熟，经常在一起嬉戏，有时候他们也把枪给好奇的孩子们摆弄。有一次孩子玩枪走了火，大家都惊恐不已，深知虽然未造成任何后果，但是被父亲严厉训斥是逃不了的。所有的孩子受到父亲异乎寻常地斥责，那个惹事的孩子还被送到哈尔滨火力发电厂劳动锻炼了很长时间，一个初中生便尝到了劳动锻炼的滋味。其实这是刘成栋有意培养孩子认识工人阶级、接触人民群众。

六、千方百计管理好哈尔滨

刘成栋与东北局的干部虽然在哈尔滨站稳了脚跟，但是天灾人祸却不断发生。1946 年 8 月，南满流行的霍乱传入哈尔滨市郊区，9 月又发现鼠疫病人进入哈尔滨。刘成栋就是在外有国民党军事进攻的威胁，内有经济衰退、潜伏的反革命分子伺机暴乱、疫病严重威胁根据地建设以及群众对共产党政策不了解不信任的环境中开展工作的。

哈尔滨市是我军在东北占领的第一座大城市，在全国我军所控制的城市中也是第一个大城市；即使在旧中国，它也有着重要的地位。因为这是个特别的城市，在经济、文化方面有较好的基础，在国际上也有一定的影响。作为这个城市的市长，刘成栋必须千方百计把她管理好，以此证明共产党有能力管好国家政权，管理好大城市（当时哈尔滨有 24 个国家的领事馆和 13 万多侨民）。

管理像哈尔滨这样的城市，在共产党的历史上还是第一次。对管理城市缺乏经验，因此在一部分干部中，对有些问题持不同看法，产生一些争论，意见一时不能完全一致的现象是很自然的。但有一点是明确的，哈尔滨一定要恢复生产、安定民生、支援解放战争。

管理哈尔滨，刘成栋遇到第一个困难就是财政经济问题。他筹了两次款，约四五千万元钱，首先送给前方部队用。而此时大量的机关、部队集中哈市，除去要吃饭、穿衣、住房、烧柴、用水、用电及其他日用生活必需品外，还要有很多开支，如医药卫生、文化教育等，这些支出无论市财政或东北局的财政一时都无法解决。为解燃眉之急，刘成栋想了个办法，由东北人民银行发行东北流通券。

开始老百姓不认，不使用。为了使东北流通券尽快流通，刘成栋经过调查了解，农民所需的生活用品中最重要的东西就是布匹、棉花、咸盐和鞋袜、衣帽，再就是药品、纸烟、火柴等。于是他去找陈云，要来一批没收的敌伪财产和军队的粮食、食盐，在道里区开了个"民生公司"，专门卖这些东西，专收东北流通券。他还请市政府一位旧职员当"民生公司"经理。然后很快又在道里、道外设了几个分公司。民生公司不仅销售生活用品，还销售从通河运来哈尔滨的大批木材。这样一来，东北流通券慢慢地就有了信用，开始和伪满的"绵羊票"、苏军的红军票——"大红袍"同时流通。

刘成栋知道东北流通券发行到一定的数量和时间，币值必然逐步下跌，最后出现通货膨胀、物价上涨的不良现象。而哈尔滨市是影响北满、西满广大农村和中小城市商业流通和物资集散的经济中心，哈尔滨市的经济繁荣、物价稳定才能促使东北政局的稳定，否则对北满、西满、东满的货币流通会产生不良影响。所以他决定在东北局和东北行政委员会支持和授予全权管制哈市的一切财政经济工作的条件下，对财政、税收、经济、物价、敌产管理采取统一管理的方针、政策。主要是对财政税收、公债发行、劳军捐款、没收敌产、重要的商品贩运、加工订货、统购包销等，都要经过哈市政府统一制定规划、条例、办法，任何单位包括东北局一级的机关、部队和松江省及外省所属的机关部队在哈市所设的办事处等，一律遵照执行，不能违犯。而市政府对征收的税款、加工订货的一切产品和所取得的利润等，全部上缴由叶季壮所领导的东北民主联军总后勤部，负责统一分配给东北机关，不准另立仓库和金库，无论是现金还是物资（除固定资产，如房地产和工厂商店等外）一律按期上缴，违者即加以处分。

就在这时，国民党政府突然下令停止使用面额为百元以上的红军票（苏联红军票，是苏联出兵东北，根据苏联政府和国民党政府的协定，由苏方发行，国民党政府担保的），企图把红军票赶向解放区，扰乱解放区的经济。在此之前，解放区早已很少见到伪满票了，因而对人民生活和市场都没有多大的影响。

有人散布说，东北局是兔子尾巴——长不了。许多人不相信刘成栋能治理好哈尔滨。有钱的人囤积金子，做黄金投机生意，使金银首饰的价格波动很大，扰乱了市场。刘成栋找熟人了解情况，他们说不会有多大的销量，最多不超过二三万两黄金，卖出二万两就把票子吸干了。于是他又去找东北财经委员会的负责人叶季壮、王首道出主意。他们说东北银行存有四万多两黄金，如果抛出二万两，应该能把想做黄金投机生意的人的念头压下去。刘成栋仔细想了想之后，决定试一试。人们有个普遍的心理：黄金越涨价越买，价格逐天涨，买的人越多。黄金由东北银行每日挂牌定价，公开出售，卖到一万七八千两就落了价，而且落得很快。原来抢购黄金的人又开始争先恐后地抛售黄金，不到一个月就把卖出的金子又都买回来了，还挣了钱。这么搞了两次，做黄金投机生意的人就不在黄金上打主意了。

儿行千里母担忧，就在刘成栋全身心地投入工作时，接到一封来自老家新站村的信，信是母亲让孙女写的。她们听说哈尔滨市第一个共产党的市长叫刘成栋，问是不是新站村的刘成栋，还介绍了家里的一些情况。刘成栋别提有多高兴！他立即给家里写了信，让女儿照顾好奶奶，又说等有时间一定会回去看看。

不久，刘成栋的子女们陆续会集到哈尔滨。但由于工作异常繁忙，他经常不回家，裹件大衣睡在办公室里，不分昼夜地为巩固新生政权、恢复市政建设、发展经济、维持社会治安，更重要的是为支援战争而操劳奔波，很少有机会跟子女们团圆亲热。

刘成栋在市政府任职期间实行的是供给制，干部与家属生活标准不同，分灶就餐。虽然他和汪琼的伙食标准也不高，只是多一点儿细粮而已，但他却一丝不苟地执行供给制标准，就连对最小的孩子，哪怕想吃一碗白面条这一点点"奢望"都严词拒绝。所以他的孩子个个都是粗粮布衣，与老百姓的子女没什么两样。就连他的孩子搭他的空车到学校附近，都会受到的他严厉批评。他说："公家给我配车是工作需要，你们是无权享用的，不然的话你们可能会滋长特殊化思想，这在群众中会产生恶劣影响的。"

刘成栋去外县带部队执行调运粮食任务时经过新站村，便回家看望卧病在床的老母亲。母亲听说儿子是坐着吉普车回来，后面还跟着一辆大卡车，车上坐满了士兵。眼泪"唰"地掉下来了，颤抖地说："儿呀，你可回来了！听说你当了官，当了市长，咋我和你老婆都成了地主婆了？每天揪着我们去批斗呢？"

刘成栋跪下来说："土地改革是为了早日实现社会主义，您一定要听当地组织的。"

七、全力以赴支援前线

在日伪统治时期，哈尔滨发电厂有两台日制 5000 千瓦火力发电机。我军进入哈尔滨时，两台各有一端损坏，均不能运转。在国民党占领吉林，切断小丰满电源后，为克服电力奇缺的困难，支援解放战争和安定人民生活，发电厂工人刘英源大胆提出一个建议："把两台发电机未坏的一端接起来，成为一台完整的发电机。"这两台电机原来称为五号和六号机，按刘英源的说话，叫"小五小六结婚"。经过研究，在理论上是可行的，但要冒风险。刘成栋考虑现有的两台电机都不能发电，不妨冒险一试。在刘英源和工人共同努力下，哈尔滨发电厂终于恢复了发电。在发电那天，群众欢天喜地地说："国民党掐断了电源，共产党又给了我们光明。"

哈尔滨市的自来水，主要从松花江取水，经水厂消毒后供市民饮用。日伪统治时，水厂用的消毒品是由大连运来的。东北局进城后，哈尔滨和南满的铁路交通已中断，哈市的自来水无法消毒，成了威胁全市人民生活的重大问题。为此，刘成栋四处请专家，找技术人员，最后采纳了自来水厂的日侨、苏侨工程师的建议，用静电沉淀消毒，清毒后的自来水很清洁，解决了哈尔滨的一个大问题。

通过开展劳模运动、生产立功运动，到1948年哈尔滨解放两周年时，哈尔滨公营企业的发电量、日供水量增加两倍多，电车日出车数近30辆，每天都有七八万人次乘坐电车。

刘成栋解决了水电问题，又遇上了粮油问题。

粮价突涨时，除了市政府组织的"民生公司"低价卖粮食，"东兴公司"也为了解决哈市军民用粮，从北满各地向哈尔市调运粮食，加工为成品粮和豆油，按照公定价格出售。"东兴公司"曾在三天内抛售出340多万斤粮食，把涨势平了下来。为了使粮价不失控，加强粮食市场的管理，刘成栋采取了一系列措施：把粮食分别集中到指定的八个市场，以便集中管理；组织了市民粮食消费合作社；对私人存粮进行登记；对工人实行保证实物供给的工资制。

为了支援前线，刘成栋废寝忘食地工作着，他一边想办法恢复哈尔滨市的工商业，组织生产自救，一边组织军工生产，全力以赴支援前线。

刘成栋觉得要恢复哈尔滨的生产，首先要支持毛皮、被服、建筑、渔业等行业的手工业劳动者组织起生产合作社；发展纺纱户，动员妇女为前线做军鞋。这样做不仅支援了解放战争，还能以工代赈，增加市民的家庭收入，也为一些失业者创造了就业机会。然后是组织动员因农村一度匪患猖獗逃进城市的农民和贫困市民近三万人到外县从事农业生产。为使这批人在农村能安心生产，政府给他们购买了必要的生产工具、种子，还给他们备好必需的生活用品。

东北解放战争初期，冀热辽、辽东及各纵队的军需用品，主要靠哈尔滨市制造供应。为了完成大量的军需任务，刘成栋在哈尔滨建立各种协作工作关系，共同组织完成了各种军用被服、鞋帽加工任务。

比如东北军需部，在自行设厂生产被服的同时利用公、私被服厂进行军需加工。为了完成突击性的军服任务，还按军工加工组织联合工厂的办法，与市政府商定，将各私人被服厂的机器集中起来，以每厂不少于 30 台缝纫机的规模，组织起千台以上的缝纫机和相应职工数的生产能力。仅以一次突击生产为例，一个月就能交给前方近 20 万套军服。各区、街政府和妇联还动员广大妇女做鞋支援前线。1947 与 1948 年两年，全市共生产单军服 64 万套，棉军服 47 万套，棉大衣 46 万套，棉皮鞋 40 万双，夹皮鞋 7 万双，拖鞋 47 万双，棉皮帽 76 万顶。

1947 年夏，哈市承担了生产六〇炮、炮弹及其他各种武器的军工任务。当时，哈尔滨市铁工业的情况是工厂小而分散，设备陈旧且精度低。制造武器要求相当高的精度和质量，这就必须进行特别的组织。为此，刘成栋与东北军工部协商后，决定把各私人企业高精度的机床集中起来，实行按专业生产武器零件，使加工难度大的零件，集中到机器精度高、工人技术好的生产点上去，以便管理和保证质量。他带领干部们先后在哈市建立了三个联合加工厂：一个加工炮弹尾管（发射管），一个加工引信，一个加工弹体。由军工部及其所属的实验工厂出产品图纸，进行具体的技术实施和成品总装，形成一个相当大的协作加工网。据统计，1947、1948 两年全市共制造了六〇炮 2337 门，六〇炮弹 22 万多发，八二迫击炮弹 2 万多发，爆破筒 4002 支（军工部统计数字为 1.5 万支）等等。

解决被服、钢炮问题的同时，刘成栋要求哈市各级政府建立了扩军委员会，运用多种形式动员参军。三年里共有五次大规模的参军活动。1945 年组织市保安总队 7500 人；1946 年 359 旅及各部队在市内扩军 3000 人；1946 年"松南"反攻开始时，总部警卫团及六纵队补充新兵 800 人；1947 年我军在东北战场即将转入战略反击前夕，六纵队、卫戍队和松江独立团各军校征兵 1.02 万人；1948 年组织市公安局 1500 人。五次参军人数共为 2.3 万人，占全市适龄青年的 23%。他还动员了大量的人力、财力履行战时勤务。

三年里，为支援前线，哈尔滨市动员财力共约 40.13 亿元东北币（其中工商界捐助金额占 60% 以上），并先后派出马车 1279 辆，派出担架队、汽车司机、医护人员和前线工作团共 2.8 万人。另外，刘成栋还组织战勤民工、战地医疗队，出动胶轮大车运送、救助伤员等，从各个方面，各种方式支援前线。做到了"要钱给钱，要物出物，要人有人"。解放军打到哪儿，拥军支前工作就做到哪儿。

八、保护工商业和知识分子

刘成栋接任哈尔滨市市长以后，从伪档案中了解到马忠俊是因反满抗日深陷囹圄的爱国人士，以及他十四年遭受监视迫害的情况，他决定驱车拜访马忠俊老先生，征求他对军队和政府的意见。

刘成栋被马忠俊迎进书房（兼客厅）。马家的其他人都回避在别的房间。刘成栋跟马忠俊谈话热烈起来，马忠俊脸上泛起了兴奋的红色。在马忠俊的陪同下，刘成栋仔细地看了铁道东的果园、宅院后的鸡舍、孵化器机房。他赞扬了马忠俊能在北满寒地栽种苹果成功，还仔细地了解了孵化器的型号和性能。

土改运动开始，农会去斗争马忠俊，马忠俊的家里弥漫着一种不安的气氛。马忠俊对调查组的人说："我是当过官僚，但是我没干过对不起国家和民族的坏事。我们是大地主吗？不是，家中二十多口人，属于自己的土地只有十八垧六亩九分，其余都是租市政府的。不过要是斗争我，我除了申辩，也没有别的办法，共产党自有共产党的政策。"

为了保护马忠俊，刘成栋于1946年5月10日，签发了第二号证明书："兹有香坊区市民马忠俊所经营之果木园，二十余年来之经营颇费苦心，不惟有关哈市风景，更为提倡建设农园作物等，由本政府与原业主商讨决定，军民人等不得擅自损毁或占用，以重公益事业，特发给证明书以资证明。"

马忠俊接到这个证明书时眼泪都掉下来了，他马上去市政府回拜了刘成栋，而且谈起经济拮据，经营果园已颇力不从心。

不久，马忠俊的老友、辽北省政府主席阎宝航和曾在哈市从事革命及抗日活动的松江省政府主席冯仲云来看望他，分别把他们自己撰写的《关于东北问题》和《东北抗联十四年苦斗史》送给马忠俊，帮助他增加了对共产党的认识，马忠俊赞成与政府合营马家花园，创办松江省园艺实验场。这是解放后我省最早的公私合营企业之一。花园有了着落，马忠俊又捐赠多年保存的文物、书画，共四卡车助建东北图书馆。这时，刘成栋住在中山路一幢二层小黄楼里（现在文昌桥旁空军军医院处），离马忠俊家不远，马忠俊便带着儿子马维权去拜访刘成栋。刘成栋热情地让俄籍保姆给他们冲茶，仔细询问了他们自食其力的生活有哪些困难。年底马忠俊正愁没有钱办年货时，来了一辆大马车，说是刘成栋让送来的大米，马忠俊一家人感动不已。

刘成栋通过马忠俊的事件，认识到有了政权之后，要利用这个强有力的工具维护广大人民的利益，利用各种法律、决定、条例、布告和报纸、杂志进行宣传教育，限制和处理各种违法乱纪和一切损害人民利益的不良行为，然后再运用党的基层组织、工会等主要力量，来贯彻执行方针政策和政府的法令。

第二年春天，东北局委派刘成栋到老巴夺烟厂、同记商场了解年终分红情况。分红制是在进城后提出来的，其根本目的是调动生产积极性，发展生产，分红制的原则是劳资两利，促进生产的发展，但是有些人片面强调工人利益，不根据企业经营的实际情况分红。

老巴夺烟厂工人分红是采取分产品的方法，把百分之五的产品分给工人，其收入超过当时公营工人的工资一倍以上。但有的同志认为这比例还小，闹着要增加到百分之八，让工会去和资本家交涉，说百分之五是政府主持办的，是"恩赐"。刘成栋对这个问题是坚决反对的。他说："市政府当时的财政收入主要来自包销老巴夺的卷烟，而且老巴夺所存原料已不多，北满又不产烤烟，搞垮老巴夺，实际就等于搞垮市财政的一部分来源，因而老巴夺工人分红不能改为百分之八。"对于同记商场，他说："我们不能把物价上涨部分当作利润来分，目前哈尔滨的商业萧条达到了极点，交通中断，货物无源，利从何来？同记商场一顶礼帽多年以前进货成本只有一两元钱，现在涨到二十多元；如果把涨价部分当作红利来分，等于分资本，商店只能关门了。"

在解放初期，有个别同志在群众运动中，不分析知识分子长期在敌伪统治下产生的特点，不耐心进行团结教育，只从表面处理问题。有一天哈尔滨市著名的内科大夫贾连元找到刘成栋，说贾树屏（小儿科专家）被顾乡区公安局抓起来了，要枪毙。刘成栋立即打电话问顾乡公安分局是怎么回事，分局的人说贾树屏在伪满时是军医少将，在伪满征兵时负责检查过新兵身体。他说："贾树屏是技术官，和伪满的军事政治官不一样，请把贾树屏释放。"

由于少数同志有"左"的思想，他们宣传工程技术人员无用，以至于有个别领导问刘成栋："盖房子是否非有工程师不行？"刘成栋说："修修补补没有工程师也许可以，盖房子没有工程师无论如何不行，特别是盖大房子。"

刘成栋很注意纠正违反党的知识分子政策事件。一天，他在地段街的三联书店的橱窗里，看见陈列有佳木斯斗争知识分子的大幅照片，立刻向东北局城工部长王稼祥汇报，后来很快把照片撤掉了。

随着形势的发展，知识分子的作用越来越重要了。到了1948年，李富春、王首道、陈郁等同志及科技工作者80余人，发起组织"东北自然科学研究会"，刘成栋被推选为筹备委员会的常委。

为了充分发挥民主，团结一切上层的进步分子，经过民主协商和各区选举。北满分局在1946年7月6日到9日召开临时参议会。出席临时参议会议的有我党的领导人彭真、李立三，还有在商实业、工人、农民、妇女、军人、教育、医药、医生、公务员、律师等10个团体和政府聘请的社会贤达之士中选举的代表。会上，选举了李国钧先生为参议会的议长。刘成栋代表哈尔滨市政府向代表八十万市民意志的临时参议会报告了政府成立73天的工作。7月21日，哈尔滨市第一届临时参议会闭幕，选举杜光宇为议长，张观、李国钧为副议长，刘成栋为市长。参议会设在市政府楼内。

刘成栋（刘达）在会议上讲话

九、抵制挖浮财丢了"乌纱帽"

如何对待城市中的资本家兼地主，如何保护民族工商业是新政权面临的又一个新问题。

一次，松江省委一位领导把刘成栋找去问："你估计哈尔滨能挖出多少财宝？"

刘成栋说："很难估计。据我了解，资本家和地主是有区别的，资本家希望他的资金周转越快越好，一边从中谋取利润，不像地主那样把钱埋在地下。"

这位领导以安排工作的口吻说："你要准备四百人的住处，我们已经在农村选了一批积极分子，最近就要来哈尔滨挖财宝。"

刘成栋感到问题严重，马上就把这一情况如实地向李富春同志作了汇报。

李富春沉思了两三分钟后说："不行！不能这样办，农民不能进城挖财宝，我明天就开东北局会议讨论。"

东北局开会时，出席的有李富春、李立三、凯丰、张秀山等，刘成栋、钟子云、蒋南翔、杨维列席了会议。经过充分交换意见，决定农民不能进城挖财宝，保证党对哈尔滨市工商政策的贯彻执行。

大家有一句形象的比喻：对资本家吃蛋，还是吃鸡？这在原则上是没有争论的。彭真曾多次在工人集会上讲过对资本家只能吃蛋，不能吃鸡的道理。但有的同志提出：蛋不够吃，也可吃一条鸡大腿嘛！这不是大笑话吗？去了一条大腿，鸡还能活吗？

为了不让农民进入哈尔滨市，刘成栋主动把逃入哈尔滨市的地主抓了送给松江省。但是，还是有些农民进入了哈尔滨，从哈尔滨拉走不少机床，放在呼兰县，因没用而生了锈，严重影响了哈市支援前线的炮弹、军械、被服、米面加工工作。

刘成栋的想法与钟子云达成了共识，1947年8月25日，钟子云主持召开了各区委书记、区长、公安局长联席会议，会上对砍挖斗争和政策界限做了明确规定："挖财宝主要挖汉奸、恶霸、大地主的财宝，对中小地主和富农的地窖不要乱挖，地主在城市的工商业不准动。"

就在这时，刘成栋听说高岗派人没收了一个统战对象家中的陈设之类，供自己使用。便立即到高岗办公室找他说："你需要什么东西，告诉我们市里，我们给你准备，搬这种人家的东西不好！"

高岗说："我做得没有错！"刘成栋说："搬这种人家的东西就是错的！"

被称作东北王的高岗拍桌子咆哮："100年后我都是正确的！"

刘成栋气愤得忍不住了，也拍了桌子说："我100年都给你提意见！"

刘成栋对高岗拍桌子，立即惊呆了很多人，高岗是何许人？是东北王啊！但是刘成栋就是觉得自己有理，有理胆子就大，所以他挺直了腰板，毫无惧色。

刘成栋认为工会在发动职工反对资本家的消极怠工、造假账、抽逃资金方面，与之进行斗争是对的，但过多地强调了工人的作用和利益，搞"一切权力归工会"的提法是错误的，在斗争中有打骂公安人员和交警、包围街公所的行为，对资本家有"扣留、打骂、罚款"等超越政策行为也是过火的，不利城市经济发展的。所以他勇敢地站出来，对这种现象进行了抵制。

有一次，工会未经刘成栋同意就调来十几名工人，在市政府后厅对建设局的一些工程师开斗争会。刘成栋无法制止，如果加以制止，"反对工人运动"的大帽子就会落到他的头上；如果不过问，又没有尽到维护党的知识分子政策的责任，有些左右为难。刘成栋想来想去，还是决定亲自参加这个斗争会，他在开会之前讲了几句话："原则上支持对真正的坏人进行斗争，但是必须有真实证据，同时不准动手动脚。"刘成栋这样一讲，工人们没有什么斗争的积极性了。后来经主持斗争会的人一再鼓动，有一位工人站起来，要被斗的一位高级工程师站起来交出工作证。刘成栋又讲了几句话："有话可以讲，但在问题未弄清以前，不能收工作证；即使要收工作证，那是市政府的事。"工人们不再坚持，回到自己的位子上去了。

1948年2月7日，新华社发表了"坚持职工运动中的正确路线，反对左倾冒险主义"的评论。可见这次会议精神，对当时全国各地有一定的普遍意义。而当时敢于站出来反对这种对资本家过火斗争，不注意城市经济发展的左倾错误的人中，刘达是主要人物之一。但是，当时东北局的主要领导人林彪、高岗等人对这一场城市政策上的斗争不满意。林彪派张平化到哈尔滨担任市委书记时对他说：要注意哈尔滨市委的"右倾"问题。张平化来了以后，未发现什么右倾问题，也就没有什么动作。

1948年4月，刘成栋和他相濡以沫的战友、工作伙伴钟子云都被撤了下来，分别担任副市长、市委副书记。但是他们谁也没有一声怨气，依然为建设、发展、完善哈尔滨这座美丽的城市而操劳着。

为了解决如何对待城市私人工商业和在城市依靠什么人等主要政策性的问题，刘成栋把哈尔滨、佳木斯、大连、牡丹江、安东、北安、绥化、黑河、齐齐哈尔等地区的负责同志请到哈尔滨，准备召开城工会议。城工部副部长李大章先开了一个预备会议，大家详细地汇报各城市的情况，并研究了存在的问题。参加会议的同志都是做实际工作的，绝大部分同志对城市建设的主要政策的意见基本上是一致的。在讨论研究的基础上，李大章写了一个小册子，叫《城市工作纲要》，准备提交会议讨论。

会议各种准备工作已基本就绪，第二天就要开会了，突然王稼祥因病不能主持这次会议，东北局又决定由另外一个同志主持会议。会议是在马迭尔饭店开的。主持会议的人没有再用由刘成栋等二十多位同志花费一个多月时间讨论研究后起草的材料，只用了一个很简单的提纲，讲了一些马克思主义的大道理，没有紧密联系当时东北各城市的实际提出解决办法，对城市的私人工商业政策等问题也未给予足够重视。

直到全国解放前夕，由陈云主持在哈尔滨市吉林街 40 号召开会议总结我党管理大城市的经验时，城市贫民不能作为主要依靠对象等正确主张才重新被肯定下来。

筹建

东农

第四章

一、千方百计网罗人才

中共中央东北局、东北行政委员会鉴于客观形势发展对农业技术干部的需要，决定建立东北解放区第一所高等农业院校——东北农学院。

1948 年 9 月 14 日，刘成栋被委任为院长，在哈尔滨南岗区东大直街原东北科学院旧址开始筹建工作。学校由东北行政委员会农业部领导。

刘成栋知道，要创建一所好大学必须具备三个条件：教师、校舍、仪器。而这三样，他一样也没有，有的只是自信。

在知识分子奇缺的情况下，刘成栋求贤若渴，千方百计地网罗人才。

刘成栋先从吉林东北大学接来原国民党长春大学农学院教师 20 余人，接着又在长春招收原长春大学学生和中学生 70 余人；12 月初从吉林东北大学转来原长春大学学生 70 余人。刘成栋把这些师生安排在南岗的一些房子里，然后到沈阳、长春等地招收教师、学生和教务人员。

刘成栋请示东北局后来到沈阳，然后查看一些待分配的教授、学生的档案。他选了一些人，亲自找他们谈话。

刘成栋在沈阳请来的第一位教授是钟家栋。

一次，刘成栋到沈阳开会，在招待所里遇到还未分配工作的教授钟家栋。他看到钟家栋立刻想请他到东北农学院任教。钟家栋不了解东农的情况，又怕冷，起初不肯来。刘成栋一边向他介绍东农的情况，一边耐心地做他的思想工作，并邀请他到哈尔滨看看。钟家栋被刘成栋的一片诚心感动，带着试试看的想法来到哈尔滨。刘成栋把学院唯一的一辆美式吉普车让给他坐，自己徒步上下班，并派教务处的同志陪钟家栋游览市容和商店，参观肉联厂和老巴夺烟厂。没几天，钟家栋说："我决定来哈尔滨工作了，刘成栋这样尊重我，关心我，我决意来此任教。"

刘成栋在沈阳请来的第一个教务科长是任炎（原北京师范大学党委副书记，在东北农学院创建时期与刘达共事）。

一天，刘成栋找到任炎的领导，说明了自己的来意。任炎的领导就安排他们见面。

刘成栋说："听说你正在参加接收高等学校的工作，我在哈尔滨办了一所东北农学院，想请你去那里工作。"

任炎没说什么，他只是觉得刘成栋这个人不错，没有官架子，性情挺直爽的，是一个做大事的人。

见任炎不吱声，刘成栋接着说："现在农学院在创办时期，很多条件还都不具备，但我相信，在大家共同的努力下，会把这所学校办好的。"

任炎见刘成栋很自信，就点头答应了。

刘成栋接着又强调说："在东北地区，开发农业和林业的工作很重要，我下决心要把这所学校办好，希望你跟我一起好好干。"

1948 年底，任炎和其他一些同志带领当时接收的沈阳农学院的一批师生员工和极少的办学用品返回哈尔滨。任炎被任命为东北农学院的教务科科长。

为了网罗人才，刘成栋还利用暑期到华北人民大学挑选教师，他选中了刚结业的赵梦瑞。这时赵梦瑞已经接到被分配到天津永利碱厂做建团工作兼技术员的介绍信。永利是全国有名的大化工厂，能去那里工作很不容易。

次日清晨，赵梦瑞到教务处拿介绍信时，主任却说："且慢，里面有位叫刘达的同志要找你谈谈。"

赵梦瑞进去一看，一位身材不高、体型稍胖、面容和蔼的同志在等他。

刘成栋说："我正在哈尔滨办一所农学院，征得刘澜涛（当时华北局副书记兼华大院长）等同志同意，想更改一下你的分配，邀请你到我们那里去工作，不知你是否同意？"

赵梦瑞感觉很突然，一下子想不出说什么，只是讷讷地说："服从组织分配。"

刘成栋笑了，风趣地说："服从组织自然好，我可不愿意你只服从，那边大学很少，我们是要干一番事业，办个好大学。"

赵梦瑞点头。

赵梦瑞回到班级找班主任汇报改派工作的事，问班主任："刘达是谁？"

班主任告诉他："那是我们晋察冀的老首长，跟他干不错，有魄力，不过严点。"

这样一来，赵梦瑞从急欲去天津又变成迫不及待去哈尔滨了，就在7月下旬，赵梦瑞跟华大的其他同学一行七人拖家带口来到了哈尔滨。

刘成栋后来还派李复等两次去沪、宁、杭一带及北京、天津等地招聘教师。刘成栋向接触到的知识分子介绍东北地区农业建设的重大意义和东北农学院创办情况和发展远景，同时也提出安排职务、工资、住房及其他生活等方面的条件。

李复的两次招贤吸引了不少有志于建设边疆之士，杨衔晋（森林植物学家，后任东北林学院院长）、黄祝封等一批教授都是当时应聘到校的。这批同志到达哈尔滨之时临近春节，刘成栋亲自指挥人把住房准备好，甚至锅碗瓢盆白菜猪肉都要求买好。有位科长怀疑："是不是伺候得太过分。"事实证明，这些同志都非常感动，因为他们在国民党时期都深受冷漠对待。他们下车伊始即精神焕发，干劲儿很大。

1949年9月，东北农学院只有教师57名，其中正、副教授14名，讲师24名，助教19名。到1952年，教师队伍扩充到266名，其中专家（当时东北人民政府对高级教授的称号）3名，教授14名，副教授31名，讲师52名，助教167名，其中还包括日侨教师9名和苏侨教师

2 名。

农学院的教师队伍中，很大一部分是从南方来的。一次，一个记者来学校采访，问："哪些教师是南方来的?"结果来了三十多个，如余友泰（曾获美国依阿华州立大学农业工程学硕士学位、东北农学院教授、农业机械系主任、教务长、院长）、史伯鸿（1988－1994 年任东北农业大学校长，现任省欧美同学会常务副会长）等都是刘成栋从南方学校请来的。只要有用的人才，刘成栋都会请，这里的条件不好，但是来的人都能感觉到温暖。

通过刘成栋的努力，东北农学院在 20 世纪 50 年代初就形成了一个很好的师资队伍，名扬全国。特别是畜牧、兽医、农业机械都是全国数一数二的，这三个学科也成为这所学校的传统优势学科，为后来的东北农业大学成为国家"211 工程"重点建设院校奠定了基础。后来，农学院的老师学生们常说："我们都在吃刘达的饭。"

二、我找你来是想办好农学院的

刘成栋选的第一个作物育种专家是王金陵。

王金陵 1917 年出生在江苏省徐州的一个牧师家庭。1941 年春毕业于金陵大学农学系，大学毕业后留校任教。1943 年以后在旧中国农林部陕西武功推广繁殖站和中央农业实验所从事大豆育种工作，并写出《中国大豆栽培区域分划之初步研究》和《中国大豆育种问题》等论文，发表在《农报》上，引起学术界的关注。抗战胜利后，王金陵被委派到东北接收吉林省公主岭伪满农事实验总场。王金陵非常愿意到公主岭工作，因为公主岭是东北最大的试验基地之一。

刘成栋看完王金陵的档案后立即追到公主岭的试验场。

刘成栋到了公主岭的试验场，看见老百姓正在用绳子在小麦上拉（农民防治小麦锈病的土方法），而旁边的一个年轻人却说："别拉了，越拉越多，这样一拉（锈病）就都传染了。"刘达猜想他就是王金陵，忙走过去自我介绍："我是哈尔滨来的刘成栋，我想聘请您到我们那里去，跟我一起创办东北农学院。"

王金陵上下打量一下刘成栋：个子不高，穿灰色制服，梳着平头，身体很健壮，跟老百姓没啥两样。

刘成栋拿出调令递给王金陵。王金陵看看调令，跟着刘成栋就走了。

一天早晨，刘成栋来找王金陵带他去香坊农场，路上，刘成栋对王金陵说："想把农学院办在香坊农场，那里原来是日本开拓团的训练班。"

香坊农场离市里特别远，路是沙石的，特别不好走。去了以后，王金陵说："这个地方离市里太远，大学应该办在城里。"

王金陵初来哈尔滨的时候总惦记着回公主岭。他没想到，在一次系主任任命会上，刘成栋宣布任命王金陵为农学系主任。其他系主任都是从各地请来的老教授，或比较有经验的代理副院长，他们听到刘成栋宣布任命王金陵为农学系主任时反映强烈，其中一位站起来质问刘成栋："农学系主任怎么任命一个小孩子当？"刘成栋不吱声，他相信王金陵有这个能力。

会后刘成栋找到王金陵说："你不要回公主岭了，我找你来是想办好农学院的。"

王金陵刚来农学院时没有教材，不知道怎样给学生上课。他就找刘成栋商量。刘成栋就说："你就照着在金陵大学的路子来，你上大学的时候，老师是怎么教你的，你就怎么教学生。"这样，王金陵除了搞教学还搞科研，按照美国的方式教学。最初很多人不认可，刘成栋就亲自动员学生到地里干活，搞试验田。王金陵除搞大豆育种外，还搞小麦、玉米、甜菜、亚麻育种。

有一天刘成栋到王金陵的实验基地来，看见王金陵在做玉米育种试验，就问："东北生产高粱，你为什么种玉米呢？"王金陵说："玉米育种潜力大着呢！"刘成栋听王金陵这样说就大力支持他种植玉米。

后来，王金陵在农民那里听说，刘成栋从公主岭回来就把他对防治小麦锈病不能用绳子拉的话传到了哈尔滨，非常高兴。他想，跟着一个尊重科学、重视人才的院长一起工作，还有什么其他杂念呢。从此以后，王金陵再也不想回公主岭了。

在哈尔滨南岗区有个农场，是公主岭伪满农事实验场在哈尔滨八个分农场中的一个。当时沈阳解放后，实验农场里有一个职务很低的中国技术职员，叫陈洪文，在日本人自杀、逃跑时偷偷把小麦实验种子、大豆实验种子都保存收集起来，用一个大袋子装好跑到农学院找到刘成栋。刘成栋听陈洪文说明情况后特别兴奋地说："太好了，你赶紧连人带种子，统统去找农学系主任王金陵！"这样，王金陵连人带种子都接收下来。那时日本人还没发现小麦锈病，只注意产量。王金陵进行选育后，把这些种子定名为东农1号、东农2号……

刘成栋看王金陵用东农 1 号、东农 2 号培育出的小麦长势很好，高兴地说："我们农学院有面吃了!"

小麦长得好，就有人来参观。公主岭实验场的领导亲临现场，他们一看就有了意见，说："你们东北农学院怎么把这些种子改成'农学院多少号'了？应该叫'合作多少号'!"刘成栋却很认真地说："跟谁合作？跟日本人合作？"但考虑到大家的意见，王金陵还是把那些小麦种子改为合作号，其中一个品种叫"合作 2370"。小麦"合作 2370"很快就在东北推广，哈尔滨及以北的地区都种上了小麦，对东北农业生产起到了推动作用。

后来刘成栋听说北京有个叫王焕如的教授是小麦专家，对小麦抗病育种有研究，就亲自到北京请他来东北看看，并安排他跟王金陵住在一起。

马家花园果树得了腐烂病，刘成栋四处打听，寻找专家。王金陵说北京有一个搞植物病虫害的专家叫张际中，刘成栋就立即派人到北京去请。张际中到了哈尔滨，刘成栋用自己的车带着张际中和王金陵到马家花园给果树看病，取了标本，回试验室化验。

刘成栋关心生产，也关心教学，让王金陵放手工作，为了支持王金陵搞实验，每年给农学系活动经费两三千元。教学楼建成后，农学系的走廊很漂亮、很宽敞，光线也很好，王金陵就在这里做些展览，上标本课的时候，带着学生边走边讲。

王金陵在农学院的院子里搞了个小农场，凡是来参观的，刘成栋都带着他们在院子里走一圈。王金陵说想盖一个温室搞试验，刘成栋就盖了一个很大的温室。

在农、林两院分开后，农学院把王金陵的实验经费取消了，没有办法，王金陵到了公主岭找他曾工作过的实验总场，他们答应给他三千元做实验。后来刘成栋知道了就去找农学院，发脾气说："难道农学院就连两千元都拿不出来了，应该让老师放手去工作，去实验!"

但就在这时，公安局的人找到刘成栋说，王金陵可能是特务。刘成栋不相信王金陵是特务，便找他谈话，谈话时暗示他："你有什么问题现在说出来比较好，到公安局再说出来就不好了。"

有一天，刘成栋把王金陵叫到办公室，说上海农学院有种子，让王金陵到上海去要，王金陵纳闷，到上海要什么种子？因是刘成栋亲自安排的，王金陵什么都没想，坐车去了上海。

王金陵到了上海农学院，没有想到，上海市副市长、农学院院长金善宝请他到家里吃饭。吃饭的时候不是很欢畅，但是王金陵自己感觉，人家身份那么高还请他吃饭、有点受宠若惊。

其实刘成栋安排王金陵到上海要种子，主要是看王金陵在上海有没有去找美国人。

王金陵的父亲是牧师，曾经在徐州美国人创办的"培正中学"教学。后来美国人不干了，教会就把学校接过来了，请王金陵的父亲做校长。解放前美国人想请王金陵到"培正中学"教书，王金陵没有去，那个美国人就说："我要见见王金陵。"这话后来就传出来了，公安部门也就开始注意王金陵，解放后就把王金陵当成了重点对象，并对他进行跟踪调查。但是这些情况王金陵都不知道，他只是一心搞他的实验和教学。

王金陵在上海，很多人暗中指使他去看美国人，王金陵都没有去。王金陵要了种子后，准备去杭州看他老婆，给他送种子的年轻人说去杭州那条路不通了。于是他直接回了哈尔滨。

王金陵回到哈尔滨就被公安局抓了，并受到非人的审问。最后一次审问他的时候有人问："你到上海见什么人没有？"王金陵说："见到金善宝了。"审讯后，有人告诉他："你下去吧。"王金陵从公安局出来时，看见了刘成栋和公安局长王化成。王化成说："你有什么讲的没有？"王金陵说："拷问的手段太厉害点儿。"刘成栋在旁边说："危险危险危险！"王化成笑着说："不危险，不危险。"王金陵不再讲话。

不久，调查结果出来了，原来有人故意把他往美国人那里引领，但是王金陵跟那个美国人没有任何关系，无论怎么引领也没有去。那人为了交差，就说假话陷害王金陵。

三、创业中不忘政治思想教育

刘成栋筹建东北农学院困难重重，除一部分可供少数师生住宿、上课的校舍外，就连最起码的桌椅板凳、黑板粉笔都没有，更不用说图书、报刊、仪器设备了。教师也极少，中外籍教师总共不过四五十人，而且经费也不多。参加学校创建工作的几位"老干部"从未在高等学校工作过，工作起来特别吃力。可刘成栋在这些困难面前一点都不畏惧、不退缩。他面对工作的成功经验就是学习，他坚信不管遇到什么困难，只要不断向实践、向书本、向群众、向经验学习，什么事情都是能够学会的。所以他经常跟大家一起检查工作中的缺点、错误，商讨改正的办法，不断提出一些培养各类人才的设想，考虑如何才能为新中国培养出又多又好的新型干部。

工作中有些人自然免不了会犯一些错误，刘成栋从不把这些错误推给别人，他总是鼓励他们，不要怕犯错误，只要好好总结经验，就能不断前进。

没有课桌，刘成栋就发动学生用绳子系在一块板的两端，挂在脖子上当课桌；没有椅子，他就让学生自制小板凳，在床头学习。他还向全校提出劳动建校的号召，组织学生参加建校劳动，用自己的双手去美化校园。同时，还组织学生参加社会主义义务劳动，如修哈尔滨市八区运动场，参加顾乡区抗旱救灾等。

建校初期的绝大多数师生来自刚解放的大城市，他们大多数人同情人民民主革命，愿意参加解放区的建设工作，有的还参加过白区的地下工作，为人民解放战争做出过贡献。他们对摆脱了国民党的反动统治、饥饿与失学的威胁，实现了和平、民主的生活感到高兴，但其中不少由于长期受国民党反动宣传的影响，对共产党和解放区的政策不甚理解，对解放区的生活方式不太习惯，有的人心存疑虑，许多人在世界观上不同程度地受封建的、资产阶级的甚至是帝国主义的思想影响，少部分人或在历史上与国民党有些政治瓜葛，对人民革命能否取得最后胜利还有观望心理。

根据这种思想状态，刘成栋决定在学校首先集中一段时间进行政治教育工作，转变师生思想，使之统一到为人民服务的政治轨道上来。

刘成栋利用三个月的时间在学校对师生进行了集中的政治思想教育。他除了亲自给学校的师生讲课外，还聘请省市党政领导干部唐景阳、郑夷平及本校主要领导李复、任炎等同志讲政治课，先讲授"中国革命与中国共产党"、"解放区的土地改革、经济政策、文教政策、知识分子政策"、"政治经济学"、"社会发展史"、"国际主义与民族主义"等内容，并结合节日活动和庆祝平津解放、南京解放，进行时事政策教育。

经过启蒙政治教育，广大师生基本认清了国民党反动派的本质和中国社会发展的必然趋势，纠正了错误观念，初步了解了党和政府的方针、政策和人民民主革命的基本问题，对共产党和人民政府有了基本的认识和信任，师生的政治思想觉悟明显提高。

东北全境解放后，残余的国民党组织仍秘密潜伏，有的还在搞破坏活动。为保卫革命胜利果实，东北行政委员会开展反动党团组织登记工作，号召误入歧途的人悔过自新、弃暗投明。经过学校的动员、学习、座谈讨论，绝大多数参加过那些组织的人纷纷响应党的号召进行登记，孤立与打击了坚持反动立场的分子，涌现出一大批要求进步的积极分子，中国共产党和新民主主义青年团在群众中的威信有了很大的提高。

在这之前，有一个自称是"侯少校"的学生，他炫耀自己是国民党的少校，大家都很羡慕他。反动党团组织登记的时候，大家就逗他："你说你是少校，你怎么什么事儿没有啊？"他开始不吱声，后来大家总问他，他就说："我们往北安市跑的时候，回手一梭子，就放倒了五六个人。"他这么说，大家就信了。结果后来他在厕所用皮带要上吊，被同学看见制止了。后来又在枕头底下藏剪子，形迹十分可疑。当时学校的团支部书记张旺了解到这个情况后，立即反映给刘成栋，刘成栋告诉张旺，对这样的人一定要提高警惕。

没想到，"侯少校"在校园的一棵大树上上吊死了。刘成栋立即安排人对"侯少校"进行了调查。最后调查清楚了，他爸爸是个铁路工人，开火车的，他不是少校，只是为了炫耀，自己难圆其说自杀了。刘成栋把侯少校的父亲找来，把事情讲清楚，并让学校开了个追悼会。

解决了思想问题，刘成栋又开始对学生进行甄选编班。分到本科各年级的开始补习业务课，分到预科班的学生补习高中数理化等基础课。补习后又进行一次甄选考试，结合考试成绩和政治学习表现进行甄选，把学习较困难、年龄较大的学生转到附设的拖拉机技工学校学习。

学校创建初期学生中党员团员极少，这些党团长不但自己认真努力学习，还协助学校分担一些行政事务工作，在学习中团结同学，在各项活动中起模范带头作用，作风艰苦朴素，给同学以良好的影响，成为学校的政治骨干力量。所以刘成栋非常重视这些青年干部的培养教育。

一天，刘成栋听说团委书记、学生党支部书记、行政上是学生科科长的张旺在做团组织的报告，就悄悄去听。等张旺讲完以后，刘成栋找张旺谈话。

刘成栋说："张旺，你是不是讲得长了点？"

张旺说："请您指点。"

刘成栋说："你这是小脚老太太的包脚布子，又臭又长。以后做报告要简明扼要些。"还说："你要好好工作，对学生要好好教育。尤其是对那些参加过党团的学生，不要让他们害怕你，不要脱离群众。这样，他有什么话就都跟你讲，把你当朋友，如果你很骄傲，很自大，那样他们就不能跟你交朋友交心。"

张旺听后很受教育和鼓舞。

四、不能讨价，房子我们自己盖

东北农学院创建之初，刘成栋非常重视教师、校舍、仪器三个办学的重要条件，曾派李复（当时的院务主任）、赵梦瑞到上海去招聘专家教授和采购仪器试剂。他千方百计活动得到领导的支持，先后汇出沪币七八亿元买设备，这在当时刚刚解放、市面萧条、银根紧缩的上海，简直是豪举。后来，他还在学校成立仪器采购委员会，刘德本副院长任主任，由邹宝骧（在东北农学院创建时期与刘达共事）率领采购小组分赴沈阳、天津、北京、南京、上海等地采购教学、科研仪器设备，满足了建校初期教学、科研实验的需要。

1949 年 9 月 15 日，经过一年多的努力，东北农学院正式开学了！当刘成栋站在主席台前准备讲话的一刹那，他忽然哽咽了。中国是一个农业大国，看着这些求知若渴的学生们，自己付出再大的心血也是值得的！

微风抚弄他的脸颊，一种责任感再次在他的心中升腾。他决定将自己的后半生全部投入到教育事业中。这种责任感让他展开喉咙，大声地宣布：东北农学院正式开学了！我们将本科设置农艺、畜牧兽医、森林三个系，附设预科及农业机械化专修科，不久，香坊农场也将划归给农学院做实验农场……

那时候物质条件比较差，刘成栋安排农学院的第一届校庆与国庆一起进行，并由学校宴请在校的老师。宴会上，来自四面八方的师生欢乐融融，大家互相劝酒，祝福未来，洗去了一年来的艰辛与劳顿，沉浸在美好的憧憬中。

为了把农学院办强、办大，刘成栋不但抓师资、抓设备，还特别重视建校舍。他特别重视房子，却不斤斤计较房子。原来那些破房子刚修好，学生们能上课了，上边说要用那些房子办航空学校，要求农学院搬到九中"红楼"去；接着又要求农学院腾出很好的两座职工宿舍楼，搬到日伪时期的"官舍"里面去。这些官舍在"八一五"后破坏得很严重，不大修不能住。以刘成栋的身份与影响，完全可以顶着不让，但他却坚决贯彻了上级指示，他说："航校是国防需要，我们要保证，不能讨价，房子我们自己盖。"

为了尽快让老师和学生们有自己的教室、宿舍，刘成栋四处奔走，筹集资金，准备在一片荒芜的王兆屯，盖一百年不落后的校舍。

刘成栋是一个非常有事业心的人，干就干好。农、林两院一合，他的任务就更重了。经过周密计划，他决定先把平房接起一层，让师生有上课休息的地方。然后改建宿舍楼，同时进行校园规划，聘请南斯拉夫的专家设计飞机造型的教学主楼和大礼堂、生物馆。

20 世纪 50 年代初，国民经济正处于恢复时期，建筑材料奇缺，他主张因陋就简，就地取材，自己加工，降低成本和造价。他亲自主持筹建砖厂，组织采购木料、沙石，拆卸日本 731 部队营房钢架，利用废旧物资，严格监督施工质量，发现不合格的立即返工。

在修建大礼堂的柱子时，刘成栋去检查质量，他进来一看就说不行，立即把基建处的处长张子英叫来，狠狠地批评了他，并让立即重新修建。大礼堂有个大屋顶，棚顶需要一个大铁架子。刘成栋就去找哈尔滨市最大的钢铁大户。刘成栋做市长的时候，一直保护他，要不然在土改中他早就被处死了。这个人很感恩，他说："别人的事儿我不干，刘市长的事儿我一定干。"

1951 年，高岗来学校检查，说盖大楼太浪费，让撤下一层。那时候，什么事都得听上头的。刘成栋却说："不能撤，撤了就不能用了。"刘成栋这样说，高岗听后很不高兴。后来在"三反"运动中，农学院主楼被当作浪费的典型，可那时大楼主体已经完工，要停工或大改设计也不可能了，于是责令刘成栋作了多次"检讨"，刘成栋后来幽默地对大家说："我的检讨油印了几十份，谁让我检讨我就给他一份，反正楼已经盖了。"

在房屋设计上，刘成栋从长远需要出发，确定修建高标准的主楼、生物馆、化学馆三座教学楼。由于方向明确，措施得力，人员精干，三座楼在不到三年的时间里落成。刘成栋为此也出了名。在那个时期，能盖起这样的大楼，特别是附有大礼堂的主楼，坚固、美观、适用，在 50 年代初名震全国。《人民日报》、《人民画报》等多家媒体都做了专门介绍。《人民日报》还登了照片，把它视为解放后的建议成就。彭德怀、贺龙、聂荣臻、李立三、陈赓、王震、胡耀邦、薄一波等中央领导同志在视察学校时都参观了主楼。建大礼堂时，大家都替刘成栋捏着一把汗，担心盖成后没人来。然而大礼堂刚刚建成，就有苏联红旗歌舞团和波兰小白桦树艺术团到农学院大礼堂演出，来看演出的人都说："这房子盖得不坏，太有气派了！"可大家不知刘成栋为这房子从筹款到聘请工程师、设计、备料、施工，样样事必躬亲，忙得不可开交，还要顶着层层压力，不知花费了多少心血！

1952 年东北农业大学大礼堂

50 年代，社会上排斥打击知识分子的政治运动不断，唯成分论成风，刘成栋却保持着清醒的头脑，坚持尊重知识，尊重人才，团结和依靠知识分子。对学有所长的教师，包括外籍教师，无不给以热情的帮助。

建校初，刘成栋请来了很多有名望的俄罗斯专家，其中有造诣颇深的植物学家斯阔沃卓夫教授，刘成栋把他请来任一级教授，又亲自到省政府替他落实苏联专家待遇的优惠政策。为了照顾他的身体，不强求他每天上班，还派几位年轻教师到他家里听课进修。后来，斯阔沃卓夫因年老体衰，要求去巴西投靠女儿。刘成栋又为他办好了出国定居手续，并派受教于他的年轻教师护送他到深圳出境。

当时哈尔滨的交通还很落后，汽车极少，俄国人的车是在后面烧木炭作动力的。从香坊到南岗，一般老百姓都坐马拉的斗子车，刘成栋就到上海买回一辆苏联造的中型客车，接送老师上下班。当时东北农学院的飞机楼和通勤车，在哈尔滨都是一道风景。

五、远见卓识打造东农特色

刘成栋在北平上学的时候参加了学生运动，他虽然是知识分子，但是没有念完大学。办学对他来说是外行，但他能走群众路线，把老师聚集在一起，开了半个多月的教学会议，每一门课程，每一个专业的教学计划甚至学时，都要大家共同讨论。

刘成栋将畜牧、兽医分为两个系，增设农业化学系（后改为土壤肥料系），决定本科一年级及预科一律降班半年，改为春季始业。召开了全校教职员工大会，讨论科系设置问题，明确了各系培养目标：农学系主要培养作物栽培和育种的技术干部；森林系主要培养造林、经营管理和林业工程的技术干部；畜牧系主要培养家畜饲养管理和育种的技术干部；兽医系主要培养家畜常见疾病防治的技术干部；农业化学系主要培养土壤改良、施肥和农林产品加工的技术干部。决定采用学分制；拟定了课程计划及课程纲要，加强基础课，开始抓基础课教材的编写工作。

1950年10月，由于朝鲜战争爆发，根据东北人民政府的决定，沈阳农学院迁来哈尔滨与哈尔滨农学院（东北农学院曾用名）合并，恢复东北农学院旧称。

在合并前，刘成栋在全校召开大会，让大家在合校的过程中一定要坚持团结、和谐，不要发生任何问题。

两院合并后任命刘成栋为院长，刘德本为第一副院长。合并后设农艺、森林、畜牧、兽医、植物病虫害、土壤肥料、农业机具、农业行政八个系及农业机械、农业行政、畜牧、林业机械四个专修科，还有预科、俄文班本科、俄文研究班、军事俄文专修科，还同时附设生物、化学、数理三个室以及俄文、国文、政治、体育三个组。行政机构设院长办公室、教务处、总务处。另有香坊实验农场、实验林场、牧场、兽医院及东北农林植物调查研究所等附属单位。

刘成栋的骨子里有一股使不完的劲儿，那就是竭尽全力办好东北农学院。他总是在考虑要更多更好地为新中国培养建设人才。为此，只要力所能及的事，他都大胆实践。

刘成栋认为，中国在建国初期被帝国主义封锁的形势下，要办新型的社会主义大学，只靠老解放区的办学经验是不够的，照旧中国的办法也是不行的，只有借鉴苏联的教育经验来改革教学，才是唯一的出路。

要学习苏联，首先要先学会语言，学会了语言才能学习苏联的政治和先进技术。哈尔滨俄国人比较多，招聘俄文教员比较方便，于是他大胆地提出在学校开办两个俄文班。从本科同学中抽调六七十名优秀的学生来学习俄文，同时也学习一些专业知识，成立了俄文一、二班。成立不久，他又提出成立俄文研究生班，从南方招收八九十名大学毕业生来学校学习俄文，这就是俄文三、四、五班。1950年，为了支援抗美援朝，又创建了俄文六、七、八班（后来不用参加抗美援朝而撤消）。

刘成栋把内地的毕业学生招来突击学习俄文，学完后翻译教材，把农学院的各科教材都翻译过来。后来，他又陆续招聘一批苏联专家，在全院的教师里搞俄文速成班，包括外语老师和俄文班的学生，让他们翻译专业教材。这样刘成栋又在学校创建了翻译室。

刘成栋的思想十分明确，就是要在东北农学院培养出大批对国家有用的人才。可这需要在组织领导、教学计划、思想教育、师资配备、生活学习等方面进行多少工作！在教师和行政干部都非常缺乏的情况下，做这些工作，只设置了一位负责同志，这位负责同志还要兼作俄文教师，给同学们上课。在其他各系、各部门也有很多这样双肩挑的同志。而这些同志在刘成栋的感召下，充分发挥了各自的积极性，上下一心，团结互助，许多困难都逐渐克服了。

刘成栋的远见卓识，率先学习苏联，大胆进行教学改革，在全国引起轰动。1955年11月，历时半个月的全国高等农林院校教学经验交流会在东北农学院召开。

除了开办俄文班之外，刘成栋还非常关心开办训练班的问题。他曾采取多种形式来培养农、林业发展所急需的人才。

在建校之初，他就和有关部门和专家们一起研究开办了农业机械训练班，以后陆续开办了一些专业性的训练班，还办了工农速成中学和林业专科学校等。招收的干部主要来自生产单位，更善于密切结合实际，经过培训后对推动东北地区农林事业的发展起了很大作用。他还一直主张高等学校要发挥自己的优势，采取教学、科研和生产三结合的办法来提高干部教师的思想水平和业务水平。

刘成栋认为年轻教师是未来的主力军，所以他先后派出不少青年教师去北京、新疆等地进修，跟着中国专家、苏联专家和日本专家学习提高。同时注意发挥校内一些苏联专家的作用，开设口语！专业型研究生班。他还经常聘请一些专家学者到校讲学，经常举办一些学术讨论会，经常派遣一些教师去生产单位进修、考察或学习。这样很快就提高了年轻教师理论联系实践的教学水平，活跃了氛围，提高了积极性，拓宽了他们的思维，让他们不断地把新鲜的教学理念，教学内容带进课堂。

刘成栋深知农学院的学科实践性很强，所以他着手创办时就先抓实习、实验基地的建设，自称是东农的一个特点。

他在哈尔滨市香坊区建立了实验农场，在哈尔滨王兆屯建立了实验林场、农业实验场、校内牧场，从苏联引进了一批良种马，收集了散在民间的乳牛，逐步建成猪马牛羊禽为主的教学、科研基地。后来又在哈尔滨市道外建立兽医院，在赵屯农场附近建立李家机械化农场，在校内建成生物、化学、细菌实验室。再后来，建成农机实习工厂和农业机械、农机修理、农机运用三个大型实验室，使学校成为农业院校中实习、实验基地条件优良的院校。

在教学工作中，刘成栋紧密结合东北地区农业建设的实际，组织师生参加大规模的畜牧调查、土壤调查、森林调查以及西满防护林带计划的制定、西满地区蚜虫灾害防治、松江省炭疽防治与鼻疽检疫、辽东地区牛瘟和南风嗉、松江省口蹄疫的防治及冬季森林采伐、运输，以及患畜治疗等工作，博得了社会好评。

刘成栋在创办农学院的同时，被中共中央任命为东北森林总局局长。经过两年的努力，刘成栋带领东北森林总局的干部们，建立了森林工业系统各项管理规章制度，使在日伪统治时期被乱砍滥伐，森林资源受到严重破坏的森林工业开始步入规范化管理的轨道。

刘成栋兼职虽多，但是他每到一处都深入踏实地工作；对于有成绩的就表扬，有错误的就批评，自己有错误就主动自我批评。干部在工作中出现了问题，凡是向他请示过的，他都主动承担责任。对来自上边的不正确的指示和意图，都毫不顾忌地顶住。他下去检查工作，不住宾馆住机关招待所，同大家吃大锅饭，随时随地跟干部职工开怀畅饮，慢慢地在干部中传颂着这样的评价："刘成栋不怕硬，坚持原则，敢说敢当，无私无虑。"

六、做人要给社会多留点东西

刘成栋开始只带一名警卫员来创办农学院。他到处奔波，前后相继从哈尔滨工业大学、东北行政委员会、哈尔滨市委和市政府等部门调来刘德本、王禹名、李复、任炎、周玉兰、朱明凯、张子英等，这些同志分别担任副院长、秘书处长、教务处长、总务处长、总支书记等职务。

1951 年 11 月，农学院根据上级部署开展了"三反"（反贪污、反浪费、反官僚主义）运动，首先在行政人员中局部进行，后又扩展到全院，最后转入"打虎"斗争。

在学校还没有什么大的举动之前，忽然有一天，张旺打来电话说："有一个学生不想活，吞了手表没死，又把自己的脑袋砸破了。"

刘成栋问："人在哪里？"

张旺说："在医院呢？需要做手术。"

刘成栋说："你替我签字，叫几个男同学来，不要让他再往墙上撞。再给他吃些粘窝头，大便时手表就能下来，我马上过去。"

刘成栋来医院以后跟这个学生谈话，原来，这个学生怀疑有人监视他，他开始把信件都藏在褥子底下，后来感觉有人动了他的信，于是就有些害怕，总想死。刘成栋叫人把他的家长找来，让他休学调养。

从南方来的学生们学习一段时间后，开始翻译教材，刘成栋给予了特别照顾。大楼刚刚建立不久，就给他们安排特别宽敞的宿舍，还给他们配置了台灯和绿色的窗帘，有时候还弄夜宵给他们吃。刘成栋经常对他们说："你们白天黑夜地干，应该给你创造一个好的环境。"还说："你们这些人能来黑龙江，真不容易，东北又乱又落后，你们是舍了家的。"刘成栋说这话让学生们感到了他乡的温暖。沈南园就是感动于刘成栋的知人善任、礼贤下士，连复旦大学的毕业文凭都没要，扔下租好了的试验地、泡好了的稻种、写好了的规划，心无杂念来的，直到现在还留在农大没有离开。

这些学生习惯了南方的生活，早上不上操，晚上不睡觉，经常聚在一起疯闹。但是刘成栋给了他们特殊的待遇，这些小事都不去管，反而还经常到他们的宿舍去，把手伸到他们的被子底下问凉不凉。刘成栋经常对他们说，你们是我的左右臂膀，这些学生听了都感觉好神气，学习工作特别卖力气，仅用一年半的时间把农学院的教学计划、教学教材和实验的报告都翻译出来，印刷成书。

对于其他班级的学生，刘成栋也一样关爱。一次，研究班的学生在飞机大楼后一个很小的自习室上自习。当时是四个班：畜牧，兽医，农学，农业机械。刘成栋对这些学生说："我们所以办这个研究班，就是为了培养你们将来做红色讲师。红色讲师就是由共产党亲自来培养自己的师资。我对你们的期望比山还高，比海还深，你们都应该听我一句话，做人要给社会多留点东西。"

刘成栋当时住在中山路原来马忠俊的房子里。一开始，学校党员比较少，行政干部中党员也比较少，学生里的党员更少。最初，过党组织生活，刘成栋把党员叫到家里来过。刘成栋还经常跟他们谈心，交流思想。这些学生跟刘成栋也不见外，经常到刘成栋家去玩，每次去，刘成栋请他们吃点心，吃自己做的奶酪，相处得跟朋友一般。

在俄文专业学生中有一个上海姑娘叫郁晓民（全国人大常委会科教文卫委员会工作人员，高级工程师），是学生中唯一的共产党员。她很活泼，也很有能力，刘成栋想好好培养她。于是，刘成栋、刘德本加上郁晓民三个人成立一个党支部。刘达任党支部书记，刘德本任副书记，郁晓民任组织委员。成立当天，刘成栋明确地指示郁晓民，要大力开展党建工作。

郁晓民很快发展了三个党员，让他们成立系支部。有了成绩，郁晓民特别开心地来向两位院长汇报工作。

刘成栋说："有你开心的时候，各系都成立党支部的时候，你就解脱了！"

郁晓民知道刘成栋在各系建立党支部的用意，因为只有在各系都建立了党支部，工作才有保证，党的方针政策路线才能顺利地贯彻执行。

有一次，刘成栋说："晓民，我告诉你，你反映的一些情况大部分是对的，但是也有不实的地方，你自个注意点儿。"

郁晓民说："你说吧，哪件事儿不实了？哪个地方不实了？"

刘成栋就举个例子说："对食堂有意见，那么多人有意见啊？翻了天了？都不满意还是少数人（不满意）？你得说清楚。"

郁晓民说："也许我说得笼统一点，确实有些人对食堂有意见，但是不是像你说的那样是大部分人，我们不得不改造食堂。"

郁晓民嘴上辩心里已经很服气了，以后对工作中的细节都十分注意。

七、我说的都是有道理的

为了让郁晓民得到更多锻炼，1952 年刘成栋安排郁晓民提前毕业，随中国农民代表团赴苏联参观学习 10 个月，任俄文翻译。苏联的条件好，郁晓民想留在苏联深造。这时，她收到刘成栋的信，信上说"回来另有重用"。

郁晓民回来后就去找刘成栋询问她的工作安排情况，刘成栋说："要找一个懂业务又懂政治的干部，比找一个一般的政工干部要难得多。你是大学毕业又念了两年俄文，又是党员，组织上还需要这样的干部在教学科研工作中发挥作用。"刘成栋还讲了农学院的发展远景和向苏联学习的设想。本来郁晓民有一肚子的牢骚想发泄，但是听了刘成栋的话也就平息了。

1953 年刘成栋任命郁晓民为俄语教研室主任，后提拔为农学系主任兼党总支书记。郁晓民的工作主要是抓学习、培养干部、发展教师入党。

刘成栋对郁晓民说："发展从全国各地来的教师，不能只看出身，也不能看过去，主要要看现在。我们这支师资队伍里，很多人都有这样、那样的历史问题和社会问题，很复杂；有台湾关系的就不能发展？要出身好的，要历史清白的，有几个人是出身好、历史清白的？有几个没有海外关系的？我们要冲破这个东西，冲破这个界限。"

郁晓民很纳闷地问刘成栋："你老是大包大揽的，有一天出事怎么办？"

刘成栋说："不关你的事儿，有事我顶着呢。怎么样，还担心？"

郁晓民说："只要有您这句话我就敢干，拼命干。"但是还是有点担心问他："院长，您有没有经过咱们省委组织部，省委组织部专门有人管大学的。您去跟他们谈，看他们能不能同意你的观点。"

刘成栋说："我说的都是有道理的。"

郁晓民说："将来我们不会因为这个事情跟着倒霉吧。"

刘成栋说："不会，绝对不会，我跟他们说清楚了，全国各地来的教师，各个不同角度找来的教师，他愿意到东北来服务，这就已经很不错了。到最困难、最冷的地方来，你承认不承认他们是爱国的？你从你的考察来看，到这里来的有调皮捣蛋的吗？有哪个不负责任吗？"刘成栋接着举了几个例子。

郁晓民说："那倒是，我们所看到的都是教师这个级别的，不仅自己品德没问题，教学的水平也是很好的，我们当然是从德智体考虑发展的。"

刘成栋说："那你有什么不敢的呀？"

郁晓民说："我胆小，不敢像你那样大胆。"

刘成栋就说："毛孩子，我们原来也是这样，我们也是经过很多事情，经历很多党的组织建设过程，有很多东西是一种阻力，不得不把它推开的，不推开这个我们党就没法发展。个个都是干干净净的从雪里面拎出来那样干净啊？不可能啊，谁都是在旧社会里待过的，谁都有过这种社会经历，一个人怎么可能一个朋友也没有，一点关系也没有，这样挑怎么能挑出来？"

刘成栋一步一步把郁晓民从不自信变成自信。他经常跟郁晓民说："晓民我告诉你，我就会不断地给你加分量，让你去承担，去努力，你是一个需要更多锻炼的人。"

郁晓民每天都忙得不可开交，但是她感觉特别开心。

刘成栋把从南方来的学生都当成自己的亲人、朋友，给予他们最大的关怀和照顾。

郁晓民的母亲从上海来投奔她。刘成栋知道后就把郁晓民的母亲接到自己家里。

刘成栋先安排郁晓民在外语教研室当主任兼翻译室主任，又安排她到农学系当系主任，然后到团委当了6年的团委书记，后来任基础部主任组建基础部。繁忙沉重的工作有时候压得她喘不过气来，但是她却感觉跟着这样的领导一起工作，很开心很舒服。

在党委会上郁晓民挨过批评，也受过表扬。刘成栋表扬她说："我对共青团的工作很满意，比较活跃，能从青年的特点出发。"会后，郁晓民说："我做青年工作就坚持两条：第一年轻人就是纯洁的；第二年轻人也是不可能不会犯错误的，犯了错误是正常的，不会有人不犯错误的。"刘成栋说："你做得对，你管青年团，就不要把他们管死，要管活。"郁晓民说："我是在北京听胡耀邦（曾任青年团中央书记处书记）讲话时受到的启发。"刘成栋说："受到启发是好的，但是一定要结合实际情况去分析问题，处理问题。"

郁晓民的爱人余地北，是农业经济教研室的。他的父亲余尚元是当时很有名的戏剧家，就是他在英国时把莎士比亚介绍到中国来的。

郁晓民的婚礼是在飞机楼的小礼堂举行的，刘成栋当主婚人，刘德本夫妇也参加了婚礼。汪琼因为工作忙没有来，让刘成栋给郁晓民带来了一个床单和一个绸缎被面。

郁晓民在东北农学院所受到的锻炼，为她以后的工作打下了基础。"文革"中她遭受迫害，"文革"后，她被调到哈尔滨医学院，创办了基础部。

八、不能忘记党的核心任务

1950年刘成栋的小儿子刘国力（现居美国）出生了。这给刘氏家族再次增添了喜悦。

常言道好事成双，刘成栋四十岁得子，又在车站巧遇亲人。

这天，刘成栋带着秘书出差回来，看见从火车上最后下来三个人，一个二十多岁的姑娘带着一个十六七岁的姑娘和一个十四五岁的男孩，慢慢往车站出口走。那两个姑娘跟汪琼长得有几分相像，刘成栋猜他们可能是汪琼的弟弟妹妹，走上去问："你们是从桂林来的吧?"

大点的姑娘打量了他半天说："是的。"

刘成栋说："那你们就跟我走吧!"

刘成栋说完就帮他们拎行李。

男孩不信任地悄声问："他是谁?"

大点的姑娘说："好像是姐夫。"

刘成栋把他们姐弟三人让进自己的吉普车，带她们回家，刘成栋对他们说："你们等一下，我要他们接你四姐去了。"接着又说："你四姐天天盼你们。前几天，去秋林公司买东西，在秋林门口，一个小男孩向我们讨钱。你四姐就要我给一点，说'给一点吧，我弟弟来哈尔滨，走到半路没钱了，也只好讨钱了'。听你四姐这么讲，我想一个小孩人地生疏够可怜的，就给了。心想，但愿你们姐弟真的没钱时，也能碰到好心人，给你们一点。"

原来，汪琼的父母去世以后，有的亲友看着汪琼的弟弟妹妹们可怜，就说没爹没妈的孩子送去孤儿院算了。汪琼的大妹妹不同意，她顶替了汪琼在老家时叫的名字黄新运，带着妹妹黄新洲、弟弟黄天纵（南昌大学教授）到了柳州，靠她当小学教师的收入养活弟妹。直到广西解放，她们才同早年离家的姐姐汪琼联系上，知道她们有个姐夫叫刘成栋。

刘成栋把她们接到家里后，担负起她们的生活。而此时，他不仅要担负一家人的生活，还要寄钱给前妻刘氏。

在繁忙的工作中刘成栋不仅对家人十分关爱，对他的同志更是放下架子，亲如兄弟。

50年代初哈尔滨市的汽车比较少。一个星期六的下午，刘成栋从学校坐着吉普车出来，看见青年教师程万里正步行往市里走，叫司机在他身边把车停下来。程万里听见有汽车从后面停下来，往路边靠了靠，回头一看是院长的车，十分惊喜。刘成栋从车里下说："要上街呀，上来吧，我带你一段。"程万里半天没回过神来，他没想到刘院长那么大的干部能把车停下来请他上车。刘成栋再次说："上来吧，坐车怎么也比走着快。"

暑假的一天，刘成栋坐车路过中医院，看见教师关凤翱带着小孩在中医院的正门口等公共汽车。忙叫司机把汽车开过去。汽车停下来后，刘成栋问关凤翱："关老师您要去哪里呀？"关凤翱看刘院长把车停下来跟自己说话，非常高兴地说："我要送小孩去幼儿园。"刘成栋又问："小孩在哪个幼儿园？"关凤翱说："在宣化街那边。"刘成栋说："那还有一段距离，你带着孩子上车吧，我用车把你们捎过去。"

刘成栋在细微的小事中体现了一个领导对亲人、对下属的关爱，也体现出他的聪明才智。有一天刘成栋路过二楼的活动厅，看见刘万中他们在打乒乓球，就走了过去。有人看见刘院长来了，忙往地上洒了一些水，屋子里一下清凉了许多，但是平时很少说话的刘成栋却说："这样不行，光洒水，一会儿还会起灰尘，你们得在水中加点盐。"有人找些盐加在水中洒在地上，果然不再起灰尘了。刘成栋拿过一个球拍，跟大家打起乒乓球。

1951年7月刘成栋被任命为东北人民政府林业部副部长。

刘成栋把农学院办得非常出色，得到了中央领导和教育部的重视，被指定为教师思想改造的试点单位，并派来工作组驻校参加领导试点工作。运动分动员、思想酝酿、个人思想检查、重点批判几个阶段。运动后期，学生停课参加教师思想改造运动，帮助分析批判，进行家庭访问，个别谈心等活动。

运动结束后，刘成栋看到这次运动虽然对广大知识分子是一次马列主义、毛泽东思想的启蒙教育，但在运动中，一些中年以上的知识分子受到了思想批判，产生了一定消极影响，在许多人心目里知识分子似乎大多都是思想落后的、立场观点作风有问题。为此，刘成栋提出：今后一定也要在年纪大一点的教师中发展党员。他说："他们经过了历次运动，觉悟提高了，又是教学科研的主力，怎么不能入党？"他

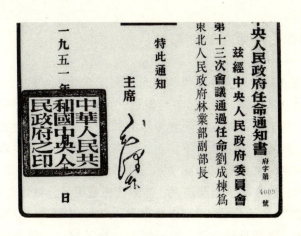

东北人民政府委员会
第十三次會議通過任命劉成棟爲
东北人民政府林業部副部長
兹經中央人民政府委員會
央人民政府任命通知書 府字第 4009 號

特此通知

主席 毛澤東

一九五一年 日

中华人民共和國中央人民政府之印

刘成栋被任命为东北人民政府林业部副部长的委任状

要求各级党组织和党员都有这个认识并做好准备，迎接这个新工作。当时很多人都很难理解他的话，不过谁也不好公开说不对。直到 1956 年，周恩来总理做了知识分子问题的报告，中央提出了"向科学进军"的口号，接着又发出重视知识分子的指示，大家才更深地体会到这位领导的远见卓识。

1952 年，中央提出学习苏联、开展大规模经济建设的伟大方针后，高岗曾做了一个《精通业务、掌握技术、迎接经济建设的新时期》的报告。东北大区团委召开了沈阳会议讨论这个报告，要求各校派青年团干部参加。刘成栋就派赵梦瑞去沈阳参加会议。会上大家讨论得很糊涂，不知道共青团今后应该干什么。赵梦瑞回来后，问刘成栋："今后在青年教师中是不是主要抓学俄文业务活动？"刘成栋说："党、团都是政治组织，任何时候也是主要抓思想政治教育，要提高青年觉悟，当然提高要结合实际工作，但不能忘记党的核心任务。"刘成栋简单的几句话使赵梦瑞憬然而悟。

东北林学院成立后，刘成栋把东北农学院改为东北农林学院。因为东北林学院成立，校舍还没有兴建，人力、物力都要有个准备的过程，因此，仍和东北农学院实行统一领导和统一行政机构，教学、实验统筹安排。党委书记、副书记、院长、副院长兼两院工作。

这时，刘成栋一边忙于森林总局、林业部的工作，为南方新解放的城市调运大量的木材，还一边筹建东北林学院。

1955 年 6 月刘成栋被中央任命为中央林业部副部长，兼任东北农学院、东北林学院院长。

九、看来你已是党内专家了

1953年3月，斯大林去世的消息传到了东北农学院，刘成栋听到这个消息后非常悲痛，他决定在全院召开大会悼念斯大林同志。

因为没有资料，刘成栋派宣传部的刘万中赶快到报社去要新闻资料。从学校到报社的路非常不好走，没有交通车，只有少数人有自行车。刘万中当时急得脚打后脑勺，可哪儿也找不到自行车。当他借到一辆自行车，推着车子刚要走时，被刘成栋看见了，批评他说："你怎么还没有走？"刘万中说："刚去找车了。"刘万中骑着车，顶着风去报社。风太大，眼睛都睁不开，好不容易才到了报社。等他把报纸取回时，大礼堂都坐满人等着开会了。刘成栋看着报纸，没看两行，眼泪就掉下来了。

刘成栋在工作中对同志要求很严厉，但是在生活中却经常帮助他们。当他知刘万中家孩子多比较困难后，在他调到中央林业部工作时，让保姆把他家孩子穿过的衣服、戴过的帽子都留下来，送给了刘万中。

在农林两院分开之前，由于学校的人财物要分家，王禹明和刘德本闹意见，闹得不得开交。一次党委会，王禹明是党委书记，刘德本是管教学的院长，两人在会上无法交换意见。有的人找到了市委书记和管教育的局长，但他们谁也不下来解决问题，谁去市委找就批评谁。为此事，刘万中给刘成栋写了封信。刘成栋因兼职太多，经常不在家，所以这封信刘成栋没能看到。沈南园和几个同学也去刘成栋家找过他，有一次正好赶上他在家，就把学校的情况反映给了刘成栋。刘成栋没想到自己不在，农林两院会闹得这样僵。汪琼在一旁批评他说："你这个人，你在就行，你不在就不行，你不检查检查你自己有什么毛病？能不能让你不在的时候，农林两院都能按你的要求去工作？"

刘成栋请来高教部刘阳生司长到校主持两院分立工作。刘成栋来到学校初，先找刘德本和王禹明谈话，做他们的思想工作，他们的思想问题解决了，再把人和物、干部和教师分清，学校也就分开了。他还找了个别干部谈话说："老干部素质还是不错的，别把他们看扁了。"刘成栋找干部谈话一般都很简单，把事情问题弄清楚，给以一定的教育就结束了，十分爱惜干部。

有一天，前来北京参加团中央在清华大学举办的全国大学团委书记学习会的张钧成（北京林业大学教授，曾任东北林学院团委书记）

到刘成栋家（北京东四的一所房子）探望他，正赶上他从朱德总司令家中回来，他兴奋地谈起在朱德家做客的情景。他说，我向朱总司令汇报了林业工作，朱总司令非常关心林业，并喜欢植物，家中养了多种植物，朱总司令就其院内所有植物，对我现场一一考核，我都对答如流，朱总司令高兴地对我说："看来你已是党内专家了。"

张钧成在北京开完会返回学校后，传达了胡耀邦和项南等同志在学习会上的报告，这次会议的主要精神是强调针对青年特点，生动活泼地开展工作。1958 年院党委某些人以整风为名，将此事批为右倾机会主义，张钧成被批判为"反党"错误。刘成栋回到林学院以后得知此事，一面慰勉张钧成，一面在党委会上为他仗义执言。在张钧成调离东北林学院的时候，对他说："'交浅言深，初识直谏'是你待人处事之大忌。"

1957 年，王震（当时任农垦部部长）要去日本考察，专程到农学院来找刘成栋，刘成栋推辞说工作忙，王震硬是把他拉上去日本的飞机。让刘成栋以考察团副团长的名义，一起带领中国农业代表团去日本考察。

在日本，许多日本朋友要王震题字，王震不会写，就让刘成栋写，刘成栋给他们写的都是毛主席诗词。王震回来后经常对别人说："刘达背毛主席诗词背得很熟，是崇拜毛主席的天才。"

当代表团在九州大学参观时，遇到了海外学子骆承庠（东北农业大学教授，我国乳品工业的创始人之一、著名的乳品专家，主持的"建成我国奶山羊良种繁殖基地及奶酪加工技术的工业试验"获得国家科技进步二等奖，培养的学生遍布全国各地，并在中国乳品行业的各个领域独领风骚）。当时骆承庠见到祖国的亲人，喜出望外。骆承庠是一位生在大陆、在台湾工作多年，以台中农学院讲师身份去日本进修的年轻人，他到日本后经常阅读报道祖国社会主义建设欣欣向荣和国际地位日益提高的报纸杂志，使他对祖国深感眷恋，希望有一天回到祖国。通过介绍，刘成栋与骆承庠见了面。刘成栋当即约骆承庠一起参观农田水利设施和青柳公社等集体农业合作社。

在短短的两天之内，刘成栋了解了骆承庠的学校情况、生活来源和来日本学习的经过等，动员骆承庠返回祖国，并告诉他在回国以前准备给他一些资助（骆承庠在日本是勤工俭学的自费生），并要骆承庠在日本多学一些国内急需的生产技术知识，回国后可以为祖国建设多做一些工作。后来，日本一些暴徒在长崎毁坏中国国旗，发生了"长崎事件"，刘成栋给骆承庠去信，告诉他由于两国关系紧张，资助学习困难很多，劝他提前回国，并告诉他东京华侨总会协助他回国的一些事宜。为了避免台湾的干扰（因为骆承庠是从台湾去日本学习的，拿的是台湾护照，当时日警方出面干预，后来经华侨帮助，才顺利成行），经过多方交涉，骆承庠终于于1958年4月回到祖国。

骆承庠因为是从日本回来的，所以很多人对他怀疑，他与刘成栋通信后，刘成栋立即与高教部联系，请高教部给骆承庠分配工作。因为骆承庠在日本主要学习的是乳品、肉品、皮革等畜产品加工技术，故刘成栋劝他到黑龙江，以便发挥专长。并经常告诉他，要经得起考验，不要气馁。

刘成栋在北京，朱德总司令找他谈话说："年轻人在首都能干出什么成绩呢？还是到下面去。"于是刘成栋辞去了林业部的工作，担任东北林学院院长。

这时已是"反右派"运动后期的处理阶段。他看到当年聘请来的教授和自己的学生被打成"右派"，在会议上直言不讳地说了一些当时别人所不敢说的话，对一些人的处理进行了干预。在当时的政治气候下，他不可能左右局面，只能做一些"亡羊补牢"的善后工作，给受批判的人一些安慰。

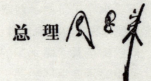

任命刘成栋为东
北林学院院长

总理 周恩来

1 9 5 7 年 10 月 18 日
第 7615 号

刘达与王震同志

1988 年刘达同志参加东北农业大学 40 年校庆

东林

写真

第五章

一、勤工俭学 80 天

刘成栋被任命为东北林学院院长、党委书记之后，一心想把林学院办得有声有色。但因当时各种各样的运动接连不断，特别是在高校中提倡一边劳动一边学习。如何能办好一个大学，怎样才能把学生培养成一个健全坚强的人，这都成了刘成栋每天思索的问题。

经过思索，刘成栋认为培养一个健全、坚强的人，需要接受半工半读的锻炼。只有这样才能做到理论联系实践，才能使学生学到真本领。所以他为师生员工作了勤工俭学、勤工办学的报告。他说："未来教育——这种教育使每一个已达一定年龄的儿童，都把生产劳动和智育体育结合起来，这不仅是增加社会生活的方法，而且是唯一的生产一个全面发展的人的方法的胚芽……"

在报告中他表扬了寒假进行劳动生产的同学们。

他说："寒假我们组织了留校学生参加劳动生产，效果是很好的。连同森工在内，我们共有 728 名同学参加了劳动生产，占全体留校学生的 90%。他们分别参加了本院的基建工程、松江臁厂的劳动、汽车修配厂工作、铁路局的运输工作。这些同学们在劳动中没有发生事故，得到工厂的好评。一开始，工厂的同志不敢要我们的同学，经过几天的劳动，他们认为有的同学比他们的工人工作得还好，这些同学在劳动中收入了四千多元，平均每人可收入十元。通过他们的劳动，我们应当从以下三方面贯彻教育和生产相结合方针。首先要把采运、木材两系的实习工厂和森工校的实习工厂合并成立联合实习工厂，一方面进行教学，一方面投入生产，作为结合专业教学对学生劳动锻炼的场所。这个联合实习工厂包括金工车间、木工车间、修理车间；拥有 131 台机床，这个数字是很大的，并且绝大部分都是最精密的现代化的机床。这个工厂可以由技工、老师、一部分同学进行生产。与机械有关的教研组可以更好地利用联合工厂进行教学活动。过去实习是不创造价值的劳动，今后要改变这种状况，实习就是生产，要创造价值，要创造出有用的东西来。其次要成立教学、科研、生产、劳动锻炼综合利用的林场，进行造林、采伐、森林经营及其他副业生产。最后要参加哈尔滨市和我们专业相近的劳动。这样，几个劳动场所就可以把我们的劳动力容纳起来，每年每个同学将要有两个月的时间去劳动生产。我们已经向中央保证，今后经费不再增加，而要在第二个'五年计划'后，使在校人员增加一倍。保证已经提出，我们就一定能做到，这就是'置之死地而后生'。"

刘成栋认为实行这个计划，还有些具体问题需要大家进行讨论，他提出了自己的意见：第一，教学和生产一定要打破常规，打破日常的 8 小时制框子，更好地安排休息劳动、学习、娱乐；第二，课程要精简，认真研究课程之间重复的部分，精简学时。

大家讨论得很激烈，最后刘成栋决定从 3 月 10 日到 6 月 1 日 80 天内，在全校范围内贯彻教学与生产劳动相结合的方针。

勤工俭学能否提高教学质量？刘成栋的心里并没有数，经过 80 天实践，证明他的想法是对的。

过去学校实习工厂只实习、不生产时，从来未发现过质量问题，现在要生产 500 台平口钳子，翻砂的硬度就不合要求，经过老师和技工们几番研究实验才解决问题。

如果不是生产而仍然是为了实习而实习，实习的产品并不当作商品去处理，当然不会有质量问题。没有质量问题就不会研究试验，因此也不会提高。

过去的专业设计多半都是根据一些假设的资料来进行，或者找一些国外资料。根据这些资料做出设计，当然不会完全符合实际。现在是直接参加新企业的调查设计，资料是自己劳动取得的，也是真实的，实际出来的东西就要作为施工的根据，不符合实际就要造成重大浪费。

在帽儿山劳动的同志，为了把生产搞好，他们研究了当地的生产技术，认识到必须增加林业和耕作学的教学内容，使教学内容更加切合实际需要。

通过这 80 天的勤工俭学，刘成栋总结了几条主要经验：一必须从理论上正确认识教育与劳动生产结合这个社会主义教育方针；二必须正确安排理论学习与劳动生产的时间；三必须根据新的方针制定教学计划和教学大纲，使教学计划和教学内容能更密切与生产实践相结合；四要正确地分配劳动收益。

根据这些经验，他拟定了教学改革的初步方案（草案），号召全校师生进行大鸣大放大辩论。

刘成栋在辩论会上指出，过去教育工作的根本缺点是，没有很好地与政治结合，为政治服务；没有很好地与生产劳动结合，为发展生产力服务。要彻底克服这些缺点，首先要反对右倾保守思想和教条主义，解放思想，破除迷信，不为各种陈规戒律所束缚，大胆设想，大胆改革，多快好省地建设共产主义的高等林业学校，是我们今后教学改革的根本方向。

大家根据刘成栋提出的意见，进行了非常激烈的讨论，讨论后拟出新的教学计划草案。这些新教学计划草案和旧教学计划比较起来，虽然有许多根本性的改进，但仍然存在一些问题，因此，刘成栋让大家继续讨论，并根据讨论结果进行了教改。这套教改成了林学院一个亮点。新教改的特点是：

1. 由五年制改为四年制，根据各专业的特点，采取不同的教学工作进程计划，在四年时间内，采取具体措施保证教学工作和科学研究工作的质量。为此，在新教学计划中，削减了各课程之间相互重复的内容和不必要的课程，并将部分课程的课堂讲授放在生产劳动中，进行现场教学。

2. 加强政治思想教育工作，新教学计划的政治教育时间较旧教学计划多约58%（学生每天学习时间按10.5 小时计划，每周为63 小时，政治思想教育的时间为 13 小时,即占每周学习时间 20.6%)。

3. 克服过去教育脱离生产、脱离劳动的现象,实行教育与生产劳动相结合。旧教学计划中没有生产劳动时间,新教学计划把生产劳动列为正式课程。在四年中,学生参加生产劳动的时间与理论学习的时间约各 50%,基本上实行了半工半读。

4. 克服过去教育脱离实际、脱离群众的现象,加强理论与实际联系。使教师学生深入生产基地和工人一起参加生产劳动,经常研究生产劳动,经常研究生产实际中提出的具体问题,以提高师生解决实际问题的能力。

5. 领导教师把好生产关,根据教师所担任的课程性质,分别在两三年内,使全校现有的教师都能做到既能讲课,又能动手。

6. 各专业的教学计划,基本精神是一致的,但根据各专业的培养目标和专业特点,在具体安排学历和教学进程计划时各不相同。

二、大炼钢铁前后的反思

1957 年毛泽东曾提出要在 15 年左右时间,在钢铁等主要工业品的产量方面赶上和超过英国的口号。在"以钢为纲,全面跃进"的口号下,号召全党全民为此奋斗,开展了空前规模的大炼钢铁运动。

在这种形势下,东北林学院也开始了热火朝天的大炼钢铁。刘成栋决定在 1958 年"十一"之前建立红专二号小高炉,向国庆节献礼。9 月 12 日,东北林学院红专二号小高炉地基开始动土,刘成栋亲自参加设计、施工等领导工作,还经常到工地参加磨砖、砌炉的劳动。9 月 30 日,刘成栋早 7 点就来到高炉旁,和筑炉工人、炼铁工人们一起忙起来,安装通风管,检查开炉前的各项准备工作。中午 12 点半红专二号炉装料。为了能让红专二号顺利投入生产,刘成栋请来了哈尔滨炼铁厂的段技师前来指导。下午 4:10 分,开炉准备工作全部就绪,正式投入生产。红专二号小高炉点火后,经过 7 个小时的熔炼,于 30 日晚 11:00 点开炉出铁。熟练的炼铁工人们在刘成栋亲自指挥下,通开出铁口后,第一炉冒着火光的铁水从炉内冲了出来。在场的人员顿时欢腾起来,祝贺红专二号小高炉投入生产后第一次流出铁水,实现了向国庆节献礼的跃进计划。

1958 年 10 月 31 日,东北林学院炼铁厂红专三号炉放出日产卫星。这个捷报传到了区委和市委,第二天《哈尔滨日报》就对林学院及机动车厂等炼铁高产发表了"再接再厉乘胜挺进"的社论。11 月 1 日下午，吕其思市长莅临林学院炼铁厂送红旗祝贺。

授旗仪式是在红专三号炉前举行的。吕市长致了贺词并作出指示，他说：同学们！在这次战斗中，林学院红专三号炉在刘院长的亲自领导下，放出了高产卫星，我代表市委、市人委和市钢铁机电生产指挥部向你们祝贺！林学院在党委、刘成栋院长的领导下，积极响应党和毛主席的号召，为完成 1070 万吨钢而战。我们不仅要完成 1070 万吨钢，而且要超额完成！哈尔滨的任务是 6 万吨铁，8 万吨钢。哈尔滨现在比佳木斯落后，佳木斯日产 150 吨，哈尔滨日产 130 吨，我们主要是贯彻全党全民大搞钢铁、走群众路线不够。今后我们不仅要大搞洋炉群，还要搞土炉群，在今后两个月，全党全民要打好这一仗，一定要完成哈尔滨的炼钢铁任务……

刘成栋陪同吕市长参观完红专三号炉后，又带领他们参观了红专二号炉。红专二号炉前，工人们正在紧张地工作着，刘成栋被他们的工作热情感动，对吕市长说："同学们的热情真是高涨啊！我有时间就想往这跑。"

一个晴朗的下午，火红的太阳照在院子里，使初冬的天气变得温暖。刘成栋从侧门进来，工人们看见他说，刘院长来了！又能给车间增加一些力量！刘成栋到车间参加劳动已经不止一次了。车间开炉时，活多人忙，虽然他没有专门学过铸造，但也能伸手做多方面的工作。开浇时，打口是第一关，刘成栋拿起铁冲，对准出铁口，双臂一伸，1400 度的银白色铁水，一股劲儿地往外流，站在旁边的同志连声自语："行，真行！"不光如此，端铁水包他一样能干。在一个铸型铸浇中发生了气冲，铁水呛出浇口，这时一位正在工作的同学没有注意到，刘成栋敏捷地抢过一把铁锹，迅速推开那位同学，用铁锹熟练地堵上了浇口，不但保护了这位同学的安全，而且防止了铁水外喷……

刘成栋开始对大炼钢铁的态度是积极的，抓得比较紧，他本人也经常参加体力劳动，有时直到半夜，所以成绩也比较突出，得到省市领导的赞扬。后来，因材料缺乏，出现了小洋炉"吃不饱"的现象。刘成栋看有关部门把材料分给技术上还没有把握的小土炉，而让生产正常的小洋炉因缺乏原料而停火的办法不合算，便把这一现象反映给省市领导。

为了搜集炼钢铁的材料，全国上下进行了总动员，有很多人将自己家里的锅，门上的抠手都投入到火炉中。而很多地方大搞土法炼焦，没闹腾多少日子就干不下去了。有的地方由于小土炉温度达不到，工人技术水平不高，几十万口铁锅碎片与矿石铸在一起成了废铁疙瘩，黑糊糊的焦渣、铁渣与炉体"抱"在一起，撬也撬不开，挪也挪不动，一个个小土炉就这样报废了。

刘成栋看见这些现象，对这种劳民伤财的运动产生了质疑。他感觉这样下去是不行的，但凭他个人是无法抵制的，他能做的就是不再让这样的事在林学院继续发生。有一天，当他听说林学院还有人想用土法炼焦时，立即赶过去说："你们过过瘾就算了，你们能炼出焦来，割我的脑袋！"

也许是因为焦急，或是不知该如何抵制全国热火朝天的大炼钢铁运动，特别是全国上下比着吹，到处是浮夸现象，致使刘成栋变得焦躁烦乱。

刘成栋回到家里，听说内弟黄天纵所在的大学也在轰轰烈烈地搞修炉炼铁，立即质问他们："你们会炼钢吗？炼出钢了吗？你们是学水利的能炼出好钢来吗？"然后很严肃地说："我们有的同志，天天讲实事求是，就是做起事来不实事求是。你们不要再出这个风头！"

三、给欧阳钦的一封信

建设帽儿山林场的生产劳动大军，胜利完成了紧张的春耕生产之后，有一部分同志返回学校度假。刘成栋组织全院职工为他们开了一个茶话会。

会上刘成栋对返校休假的同志表示热烈欢迎并鼓励他们说，学校党和行政对你们这一阶段的工作表示满意。他接着提议，让大家畅快地谈谈下放锻炼的体会和对林场建厂方面的意见和要求。

他对学生梁士弘说："听说你劳动得很好，一定有很大的收获吧。"然后又看了看另一个学生张天伏红润的面庞（下放之前，他常失眠，面色苍白）笑着问："你晚上还常睡不着觉吗？"接着又问大家："你们是否都尝到了蛇肉的风味（帽儿山林场食堂曾用捉来的大蛇做过熘蛇段）？下次开会，就该吃到你们在帽儿山生产的葵花子了。"

刘成栋很关切也很风趣的插话，给会场带来了活跃的气氛。他让大家谈了些关于加强林场政治工作的意见，最后他勉励大家再接再厉，通过生产劳动来完成改造自然、改造自己、改造右派的光荣任务，鼓足干劲，力争上游，多快好省地把林场创办起来；通过改造思想，人人树立思想红旗，个个做又红又专的工人阶级知识分子。会上，大家提出一些建议，刘成栋非常重视，决定研究解决。

中共八届六中全会纠正"大跃进"、"人民公社"运动中出现的"左"倾错误。刘成栋阅读了八届六中全会文件以后，提醒大家说，政治上有得、经济上有失，我们办了许多错事。

为了纠正错误，刘成栋亲自到帽儿山，分别在老山及三号地区检查了各项生产，和林场职工一起研究了生产问题，并提出了改进意见。

同时，他还和劳动锻炼的下放干部及同学开了座谈会。在座谈会上，他讲述了目前时事以及教育方针上的一些问题，听他们汇报了一年来劳动锻炼的收获。晚上，在全体职工大会他勉励大家说："林场最困难的阶段已经过去了，今后的主要任务是进一步根据以林为主进行多种经营的方针，扩大生产力，稳步发展，争取在几年之内建设成为一个具有相当规模的林场。"他还就职工提出的一些问题进行了解答，提出来林场建设的远景，勉励大家积极参加建设林场繁荣山区这一光荣任务。

刘成栋在视察东南沟伐木场时，提出要用"先土后洋、先小后大"的办法把林场的木材加工业搞起来，一方面处理抚育后的木材，一方面支援当前工农业多项建设。刘成栋在离场前，对今年生产计划落实问题，以及来年生产规划做了安排，提出了工作方法上的一些注意问题。

不久，刘成栋由帽儿山林场负责人何宝昌邀请去林场解决两个具体问题。他在帽儿山林场视察工作后，给欧阳钦（曾任东北局第二书记兼黑龙江省委第一书记）同志写信汇报了工作时的群众反映。全文如下：

欧阳钦同志并省委：

我最近去林学院附设的帽儿山林场检查工作，顺便和帽儿山人民公社一个作业区、一个生产队（均在林区内）的干部和群众谈了话。现在把我了解的问题写出来，供省委参考。顺便说明一句，我在那里时间很短，而且没有从全面来了解农村人民公社的情况，只是把干部群众反映的意见归纳一下，提供参考，可能有很大的片面性。

一、扩大耕地面积问题。干部和群众反映乡干部强迫他们扩大耕地面积，仁和作业区共有男劳动力115人，去年耕地面积为211垧（包括茅地在内）今年乡里分配给他们的播种面积是 260 垧，比去年增加 25%，胡家围子生产队 27 个男劳动力（包括老年人在内）去年种 60 垧，今年原计划种 40～50 垧，把离村二三里外的土地放弃，集中力量耕种好村子附近的土地，保证产量不少于去年的 22 万斤，但是乡干部非要他们种 60 垧地不可，而且还要求只能种苞米。已指示把去年造的林毁掉种粮食（这一点已证实，乡工作队曾和我们林场交涉一些去年造的林）。据说并在考虑把播种出苗的大豆改种苞米。群众和干部对这个问题有很大意见。他们说从去年秋季到现在播种计划已改变过六次。胡家围子生产队播种面积从 14 垧一直增加到 16 垧，到 5 月 21 日止后增的播种面积还未找到适当的土地，必须开荒，而苞米播种的时间已经过了，山区霜期还早。群众肯定说即使种上也不可能成熟。但是在未证明成熟无望之前还必须和其他早播种的作物同样进行田间管理。土地面积又很零碎，每块不过半晌左右。一共有几十块，秋季看野猪都看不过来，势必影响到整个产量。当时我问他们是否看毛主席给六级干部写的信，他们都说讨论过了，他们非常拥护毛主席的那封信，但是他们说："主席只是来信了，人未来，而乡干部就在我们这里。"当我问他们是否可以稍微多种一点他们说也可以，但不能种苞米，只能种一些早熟作物，如小豆、荞麦、西香谷等。

二、农村人民公社的财务会计制度我看必须实行简化，据我在哈尔滨近郊看到的账目，那是十分复杂的。我看了一下，未看懂，共计有几十个科目，动一次钱要经过五六次手续。一次我在市委遇到南岗区几个做农村工作的同志和他们谈到这个问题，他们一致认为应当研究简化。他们承认除了会计本人，管理主任、支部书记以及多数乡干部谁也不懂现在的账，当然群众就更不明白了。仁和作业区支书告诉我，他们的会计都集中到乡里去算 1958 年的账。去的时候用两个人才把账本背去了，大约在 60 斤以上。一个残废军人（仁和作业区的单干户）幽默地说："除非把这些账烧掉，否则永远也算不清的。"

三、农村工人入公社分配问题。我曾和五个木匠工人谈了话，他们的意见很多，从 1957 年起，他们给外公社做工每天工资 3.37 元，但这些钱全归公社所有，社里按一般农民较高收入（一级工）给他们分配所得。如果他们少做一天则按3.37扣钱。仁和村的一个姓仁的木匠（复员军人）说，1957年他在社里工作了七八个月，一个钱未分，反倒赔了20元。另外四个木匠都是帽儿山镇子上的，他们说从1957年以来从未和公社算清过账，现在每个人都欠社里一百几十元到二百几十元不等。1957年在玉泉做工，每天按社里收入分配为0.27元，而他们在那里的饭费每天就需要0.50元，工作一天还要赔两角多钱。现在分配法是这样，粮食按人口定量由社里供给，除粮食外，每月给14元现钱，在食堂吃饭，每月每人需菜钱4元以上（菜不供给）家里人口稍多一点，菜钱都不够，买衣服就谈不到了。因此这些木匠工人生产积极性就非常差。我在哈尔滨也遇到过类似的情况，一个石匠在我们学校铲磨，每天工资20元，但工人本人只得2元，其余18元归社（手工业社）。看来这方面可能存在有关分配和所有制问题。

四、干部和群众对去年在山区高深翻地以及一切不切实际的宣传很有意见。据胡家围子队干部说："自从去年秋收紧张时，上级下命令停止秋收，（搞）深翻，群众生气，情绪立刻就下来了。"他说："说实话，放着粮食不收，说是次要问题（乡干部的话），我思想一直没有通。"仁和公社一个老农说："山里深翻两尺，把沙子、石头都翻出来了，不能增产，反而减产。"他们说："去年的宣传太过火了，说棉花茎有碗口那么粗，一个豆角一丈二，我就根本不相信。"胡家围子干部说："我们不会吹牛，所以乡里开会经常受到批评，会吹牛的人当然受表扬，去北京参观，后来发现他们的成绩不实在，仍然还是一个好干部。老实人倒霉。"

再说一句，材料是从一部分干部和群众中传来的，可能不全面，仅供参考。

刘成栋

1959年5月23日

刘达同志和参加劳动的学生在一起

四、跑步跃进的年代

在大跃进初期，刘成栋对代办人民公社还是支持的，他曾在会议上说：人民公社问题是当前政治生活中的重要问题，我们希望把永久社并入我校，共 1500 人，400 个劳力，310 垧地。建立公社两个月内解放生产力，按社会主义原则、共产主义思想来解决生产关系中存在的问题，进而解放思想。

会后，刘成栋让林业经济教研组派人去调查，调查成立带岭公社的经济情况。调查情况的人把调查的结果，如人口、土地、森林情况、生产关系等写了一个报告。刘成栋看了报告以后，亲自任社长，做动员工作，并给市委、区委几次提出积极建议。他在给市委的一封信中建议：有必要开一次全社科级以上的干部会，向他们详细报告人民公社的性质、任务、优越性和一些具体政策问题，以便更进一步打通这一批干部的思想，也是一次重要的共产主义教育。

1959 年是人们幻想"跑步进入共产主义"的年头，不少同志犯了不切实际、急于求成的错误，产生虚报、浮夸、以感想代政策的现象。刘成栋在这种现象中采取了反对的态度。而他走到哪里都说实话、做实事，态度十分坚决。

在党委研究给历史反革命分子赵林作结论时，刘成栋认为他虽然在伪监督警府工作过，有血债，应定为历史反革命分子，但他在解放初期就参加了革命，担任秘密交通工作，并在敌占区收集过重要资料，为我党做了一些工作。根据这些情况，刘成栋在处理时采取了从轻政策，主张行政、刑事上都免予处分。

在中央教育会议上，刘成栋听了陆定一强调基础理论课学习的报告很兴奋，觉得这个报告与自己的思想达成了共识。他认为就学校来讲应该以教学为主，而当时校内正在大放文娱、体育卫星，市和区里也正往下布置唱歌、写诗、演出等任务，这与教育会议的精神不一致，所以他在全体人员的报告中说："我们没有抓住教学工作的中心，有些东西齐头并进了……今后确定，体育锻炼比赛不得在上课时间进行，并宣布以前规定的体育、写诗、唱歌等任务统统取消。"

在副食品生产会议上，当汇报到有些临时工人有情绪，要求转正时，刘成栋听后就火了，指责说，我早就叫你们给转正，你们不办，今天临时工来找你，你活该。当下面干部说，国家有规定不许转正。刘成栋说，我批，有事找我好了，犯法我愿坐牢。关于临时工转正问题，政府有指示，林学院临时工，1955 年 3 月以前没有转正的，都应该给以转正。

在"红"与"专"的问题上，刘成栋说："教师把自己担任的课教好，学生努力学习把应当学的功课学好，其中就有政治。"所以他组织了林学院的全体教师对"红"与"专"问题进行了辩论。大会上作了《谈谈"红"和"专"的问题》的报告，报告中他讲了什么是"红"什么是"专"，"红"与"专"的关系怎样，"红"难"专"易还是"红"易"专"难，先"专"后"红"或先"红"后"专"行不行，个人主义能否成为社会主义建成的动力等五个论题。在报告中他还根据《高等学校暂行工作条例》的精神，强调专业学习，教师认真教学，学生认真读书，不要轻易给扣"白砖道路"的帽子，主张"专"中有"红"。还说："在我们国家里搞业务也是为社会主义服务，绝不会为台湾蒋介石服务。"一些教师在帽儿山林场劳动，上面布置要"拔白旗"批判"白专道路"，这些老师派代表专程返校向刘成栋请示。刘成栋明确指示："不要搞了，大家在林场劳动，已经是在红专道路上前进了。"

在业务与技术的原则上，他强调了业务基础的重要性遵守政治不能代替技术的原则。机械干部班有一部分同学文化低，学习跟不上，不愿意回原单位去，在要求继续留校学习时，提出都是党团员，懂马列主义，可以学下去。刘成栋针对这部分同学的思想情况，动员他们说："你们懂马列主义是好的，但光有马列主义是不行的，你马列主义再高，给你机器讲马列主义，它是不会转动的。拖拉机这个东西本身不讲政治，它不管你马列主义水平怎样，你搞不对了，它就走不动。"

在省委召开的教育会议上，听到要酝酿发动学生参加修建铁路时，刘成栋认为分派给高等学校的义务劳动太多了，停课去参加义务劳动，对教学质量有一定的影响，便气愤地说："宁可坐监狱，撤职也不去。劳动改造？我身体还不错。"

党的七届四中全会粉碎了高（岗）饶（漱石）反党集团的反革命阴谋。高饶反党集团被揭发后，刘达积极地进行揭发和批判，他除了在黑龙江省第一次党代表大会上对高岗做了揭发批判外，还坚持要集中批判高岗余党的罪行，彻底批判高饶反党集团，彻底肃清其影响。发言摘要如下：

"在我省高岗的影响确实是深广的。而且还有个别负责同志，自觉或不自觉地参加了高岗联盟的具体活动。要想更进一步肃清高岗的恶劣影响，必须开展深入批评和自我批评。我不同意少数同志，在检查时单纯强调自己的思想水平低，政治嗅觉不灵，对高岗盲目的崇拜等。

我看不是。恰恰相反，这些同志嗅觉很灵，他们已经嗅到了高岗反党联盟有很快夺取党和国家最高领导之势，而且顺水推舟，随声附和。企图在这个反党联盟"当权"之后自己也能有一席之地。这完全是品质问题，不能用思想水平和嗅觉来解释……

……在会议酝酿过程中，对代表们提出的问题也有些我认为不妥当的解释，在省委报告中提到了一些事实。同志们就不免要追问。但是主席团个别同志认为'找靶子'，我认为大家开会都要洗澡，不要只给别人洗而自己不洗。为什么不应找靶子呢？难道说我们应该无的放矢乱射一阵吗？当然这个'的'这次是'思想'，是'事'，大南山这样的'思想'和'事'能够和某些具体人完全分开吗？"

五、不造假，简直使人活不下去

刘成栋为了把林学院办得像个学校，经常说一些别人不敢说的大实话，而惹来不公正的批判。

1958 年夏天的一个上午，欧阳钦打电话给刘成栋："康生要到黑龙江大学、东北农业大学、东北林业大学检查工作，你写一万张大字报欢迎康生莅临检查。"下午康生到林业大学的时候，刘成栋指着没有几张的大字报说："上午省里让我写一万张大字报，我想有几张就给您看几张，这才是实事求是。"到了办公室，刘成栋拿出两支铅笔对康生说："这支是中国制造的，这支是美国制造的，你用用哪个好？"旁边的人都说："当然是咱们中国制造的好。"刘达说："我认为美国制造的好。"

刘成栋对中等专业学校"戴帽子"很不满意。他在省委教育会议哈尔滨市高等学校小组会议说："我对戴帽子有点怀疑……戴上帽子是否就高了一些？我看不一定，名义上高了，实际上不一定高，如果真的戴上帽子就高了，咱们都弄个高高的杜勒斯的帽子戴上。当然不是说不可以戴帽子，但是否都戴帽子，要看看是否需要。"

党的建设社会主义总路线要求在各项工作中都必须充分调动一切积极因素，鼓足干劲，力争上游。但刘成栋发现有的工作中不分主次，他说："我发现了一个理论，为了在主要工作上力争上游，必须在次要工作上安居中游，样样都好是不可能的。"

大跃进时，哈尔滨市举办了一个建筑行业"三不用"的展览会，介绍对紧张的建筑材料水泥、木材、钢筋都不用的经验。刘成栋由于接二连三地建校，对建筑上的新事物很感兴趣。他去展览会看了之后说："可以叫'四不用'展览会。"人们好奇地问他："还不用什么？"他说："人不用。"意思是建筑物不坚固，人们怕危险，不敢用。对于"无人售货，自觉交钱"标榜大家都达到了"共产主义"思想境界的空话，刘成栋说："'无人售货'，还不是有那么多人站在旁边，还不是不放心。人的觉悟没有那么高，你要真的一天'无人'，不丢光也差不多。"这时浮夸已经成风，有人对他说"母猪可以交叉配种，连续产仔"。他很生气地对那人说："你这么大人了，连这个都不懂？！实在不懂，回去问问老婆。"

全国都在喊"后来居上"的口号，动员广大群众树雄心立大志。刘成栋认为新事物能赶上旧事物，但北京大学、黑龙江大学都是新事物，黑大又是新办的，黑大赶不上北大。所以他在一次会议上说："黑大是新办的学校，是赶不上北大的，怎能后来居上呢！"

在政府决定收购学校一部分生猪时，刘成栋坚决反对，他指责收购人员说："你们摧毁了农村的养猪业，现在又来摧毁机关学校的养猪业。"政府收购学校的粮食，他说："这是一种自杀政策。"

刘成栋从北京参观教育展览会回来，对1958年农业总产量产生怀疑，后来他又对师范学院三天两头报捷产生怀疑。因此他在黑龙江大学和林学院分别讲："这次参观给我一个印象，不造假，简直使人活不下去。现在对谁都不能相信。"

当辽宁省公布一个反党集团案件以后，刘成栋看到1958年后，在各种运动中被批判的人很多是批判错了的，便说："现在什么都成反党集团了。"吉林省林业厅的一个犯了错误的干部被批判以后，他又说："批判，批判，把能办事的人都批判了。"

在反右倾之前，哈尔滨市开二届二次党代会，讨论报告的时候，刘成栋直接批评了这个总结。这些批评抄录如下：

> 对工业增长方面的估计，应当分得细些，譬如新建的这是必然增长；原来计划中没有而在跃进中人民通过解放思想创造出来的。这样使人印象清楚。

> 工业的突飞猛进，……"而且得到全面的发展"，这个提法与后面的"比例失调"不相呼应。

> 文件上说去年生产蔬菜8亿斤，按150万人算，每人540斤，去掉它30%的水分（包括损失），每人一天还能有1斤菜吃，我们吃上了吗？很困难。数字值得考虑。

> 商业中有没有物价增长，增加多少，比例多大？可以不向外讲，党内应当讲，肯定的粮食未涨价。

> 妇女走上了社会不要写"人人心情喜悦，个个笑逐颜开"。她们刚从家里出来挣钱了？高兴了？现在又叫她们回去了，就不高兴了。还有什么"个个笑逐颜开"？

> 文教事业，高等学校数量增长了四倍，学生增长了29%，这不适应，应从学生数字上去算、有些东西不能论个，譬如学校、工厂就不能论个。

> 等级运动员我校是压出来的，我校没有体育滑冰健将，我怀疑。

> 农业八字宪法在黑龙江省怎么搞"水"的问题，这恐怕还是个问题。我理解它不仅是灌的问题，而且还包括"排"的问题。科学研究机构五十三所包不包括"挂名无人"的，研究机关应有个标准，不要包括"有庙无神的"。

我对饲料综合利用表示怀疑，都把增肉的东西弄走了，再喂猪，它也不知道用什么长肉。

这个报告拿到人代会上去讲也可以！

有些党委书记兼校长，有时党政不分，经常采取一个会（党群）解决问题，这样容易使得党的组织起不到保证作用。党员的带头作用也容易涣散。

群众生活不好讲，不讲也罢。

应当反映出党的会议的特点，"几天"，"几抓"，"几要"不一定合适，不要讲的太形象化了。

在肯定成绩的前提下，讲几条"对"的也讲几条"错"的，上边知道也该要下边知道对与错。去年南岗区几位搞农业的干部说"过去是好干部的，现在是坏干部"（搞初社时），说的血淋淋的。深翻地我下乡和老百姓、生产队讲这些，他们很有意见。如一个生产队长很好，不执行上级政策被整，其实这个干部事实就是，因为秋季不收粮，叫深翻沙地二尺深，打井问题也应该讲，总结几条有好处。

中央发现一个农村干部——耕作队长，上级让他密植，每亩地下种100斤，他提出不行，上级干部不同意，结果他煮了80斤，掺上20斤不熟的种上了，麦子长得很好，亩产500斤，别人产100多斤。干部还是整了他，说他不执行规定——中央已经调查了。

蔬菜供应问题应当确定一个新方针，吃的少花钱，菜又新鲜，这个经济规律多明显呢？商业上采取"推陈催新"的方法应当改。

提个意见大会报告取消，代表直接发言，而且最后来一次总结报告，能减少麻烦——缩短会期。

党的组织问题一点也没有提，我市党的组织怎样发展提高的，应当讲这些，但是报告中没提。这个报告的前两部分拿到人代会上去讲也可以——党的组织工作，思想工作是工作中心，报告不提它是不对的——党的会议的特点体现不出来。

刘成栋在党代会上尽说真话、说实话，一句恭维的话都没有，一句虚构的话都没有，结果这回就惹祸了，当场讨论的时候，市委宣传部部长郑夷平来参加刘成栋所在的这个小组的研讨会。刘成栋所在的小组成员有刘成栋、滕顺卿、刘德本、邹宝骧。小组会议结束后，郑夷平对邹宝骧他们说："你们都跟刘成栋一个见解？怎么没有人批判他的错误观点呢？"等到总结的时候，市委书记任仲夷公开点名批评刘成栋说："刘成栋，你应该老鼠上秤钩，自己称称，你再有能耐，市里这些人一个人顶不住你，都集起来比你强！"

六、戴右"倾机会主义"帽子

刘成栋对107"俱乐部"（高级干部俱乐部）铺张浪费很有意见。他把这条意见反映给到农学院参观的王震部长。刘成栋说："北方大厦耗费2200万元，工程质量不好，刚修完有的地方就坏了。有这么多钱修个化肥厂多好，可以解决全省的化肥问题。"

在开庐山会议时，黑龙江省委布置哈尔滨市委收集材料。

任仲夷到林学院找干部谈话，问刘成栋这个人到底怎么样，是否反对三面红旗。干部答复说，刘成栋这个人思想确实有严重毛病，骄傲自大，目空一切，但没有发现他反三面红旗。

反右倾来势非常猛烈，中央批判的是彭德怀、周小舟和张闻天；哈尔滨批判的是刘成栋。刘成栋被定为"哈尔滨市第一个右倾机会主义分子"。跟他在一个小组的党代表，邹宝骧、刘德本、腾顺卿等都跟着吃了锅烙，成了右倾主义分子。刘成栋被扣上"顽守不化的右倾机会主义分子"的帽子，市委专门组织农学院、林学院的中层以上干部，还有别的地方来助威的人，召集到王兆屯的主楼四楼会议室里面开会，专门批斗刘成栋。但刘成栋始终坚持自己的原则：上面对的我就听，不对我就不听。

刘成栋说的真话，做的实事，都成了他被定为"右倾机会主义分子"的证据，主要罪名有：攻击总路线，大跃进，人民公社，反对大搞群众运动，夸大市场供应紧张；反对党的领导，破坏领导同志的威信，在一些重大问题上与党唱反调；反对在教育工作中坚持政治挂帅和贯彻两条腿走路的方针；一贯右倾，甚至丧失阶级立场。

1959年，刘成栋被定为右倾机会主义分子后，降职为副院长，没有具体的工作，正好林学院搞煤气化，他就积极参加煤气安装，有时跟工人们一起干到午夜。后来他在学校分工管伙食、安全保卫和卫生清洁工作，他要求食堂一定要把学生的伙食搞好，不准赚钱，如果上个月赚了钱，下个月得赔回去。这一条规定一直延续几十年。他还经常到同学中转，发现问题很快解决，威信特别高。

据李范五（曾任黑龙江省委书记处书记、省委第二书记、省长、省军区第二政委、中共东北局委员会委员等职）回忆，周恩来来哈尔滨时曾说过这样的话："平常工作很积极的人，也成了右倾机会主义分子，比方说刘成栋这样的人……"

大跃进后国家发生了自然灾害。刘成栋家里的生活也十分困难。他顶着巨大的精神压力，为改善一家人的生活状况，默默地、起早贪黑地在院子里种菜。儿女们在他的感召下，也自觉地参加劳动，不仅缓解了家中副食供应紧张的情况，也加深了对"自己动手，丰衣足食"的理解。

1962 年 6 月 22 日，刘成栋由哈尔滨市委宣布平反，东北林学院先后写出 7 稿甄别平反结论，中央于 1963 年 1 月 22 日正式批准，恢复名誉、职务。

1962 年 1 月开人大会期间，黑龙江省一个亚麻厂厂长为自己平反去找过刘少奇，厂里、市里不同意他平反，他找到刘少奇后，刘少奇找到了李范五说，黑龙江甄别平反太慢，要快些搞；1958 年庐山会议反右倾是对的，但是下面都这样搞就有问题了。

甄别刘成栋和刘德本的时候，因为干部级别比较高，没有在学校进行，上级来了在市里开了一个会，向他们赔礼道歉。

在《改革开放中的任仲夷》一书中有这样一段文字：在 1959 年发起的反右倾机会主义斗争中，我也是一个忠实的执行者。……哈尔滨市委，也像许多地方一样，搞出一个所谓的"反党集团"。这是一次在市委扩大会议上，由于过火地错误地批判"右倾机会主义"，根据错误的认定，并经省委同意的。我作为市委第一书记，对于受到冤屈的同志，负有重要的责任。1962 年初……七千人大会后，我一回到哈尔滨就抓紧平反工作。在市委召开的平反大会上，我公开进行了检讨，并向受冤屈的同志赔礼道歉。对其中有代表性的几个人，我还亲自到他们家中去赔礼道歉。

科大

风云

第六章

一、深入基层大反贪污盗窃

　　50 年代，作为全国学术科研中心的中国科学院虽拥有众多的高级科学人才，但急需补充优秀的后备力量，特别是国内新兴技术学科方面的尖端人才。而从高等学校分配的毕业生，在数量和质量上都难以满足需要。在这种情况下，利用中国科学院的自身优势，创办一所培养新兴、边缘、交叉学科尖端技术人才的新型大学，就成为科学院领导和许多科学家的共同构想。

　　中国科学院院长郭沫若主持召开学校筹备委员会第一次会议，决定学校定名为"中国科学技术大学"。同时成立大学筹备委员会，郭沫若为主任委员，黄松龄、竺可桢、杜润生、郁文、严济慈、赵守攻、钱学森、于光远等为委员。会议决定学校设置原子核物理和原子核工程系、技术物理系、化学物理系、物理热工程系、无线电电子学系、自动化系、力学和力学工程系、放射化学和辐射化学系、地球化学和稀有元素系、高分子化学和高分子物理系、应用数学和计算机技术系、生物物理系、地球物理系等 13 个系；并与北京大学、清华大学建立联系协作关系。1958 年 9 月，科大创立。

1963 年 5 月刘成栋被调任中国科技大学党委书记，改名刘达。

刘达在哈尔滨的时候是 5 级干部，反右倾的时候降到 6 级，回到科大以后，级别调到 5 级，工资没调，按 6 级工资开。

刘成栋刚到科技大学上班，就接到中央关于"五反"运动的指示和关于社会主义教育运动的指示。所以刘达一边拜访科学家，一边在学校开展了"五反"运动，重点是清查 1958 年到 1963 年的贪污、盗窃问题。刘达一个人来到科大，一来就开展"五反"运动，可想而知遇到的阻力有多大，但刘达无论走到哪里，他都坚持一个原则——实事求是，秉公办事。

运动开始，武汝阳（1962 年由中科院党组任命为中国科大党委副书记、副校长）作了动员报告，报告联系到学校具体情况的第二部分"我校开展'五反'运动的必要性和学校领导的自我检查"，把已经查出来的问题归纳为：领导上官僚主义、领导上政策水平不高和一部分干部政治思想沾染了灰尘三点，这三点问题遭到了广大群众和革命干部的强烈反对。

为此，刘达再次作动员报告。他说："首先，我代表党委再次向同志们重申学校领导的决心。我们一定要坚决地按照上级党委指示精神，把我校'五反'运动搞好，在学校中开展'五反'运动，当然要在不打乱正常教学秩序的情况下进行，但并不是说其他任何工作都不能推迟一下，因此可以不受时间限制，什么时候搞好，什么时候结束……毛主席说过，知识有两种，一种是生产斗争知识，一种是阶级斗争知识。这两种知识我们不能忽视任何一种，尤其是不能忽视阶级斗争知识。"

刘达的再次动员报告在学校引起了震动，会后即有一些贪污分子交代了问题。

当"五反"运动进入"双反"阶段（反贪污盗窃，反投机倒把）时，需要抽调干部建立专案组，而有人坚持反对成立专案组。到底成不成立专案组，在 1963 年 4 月 23 日会议上，大家争论得很激烈。

"成立专案组不能等揭发后再成立。"

"成立专案组，不着急，待干部学习后提出问题再成立。"

"还不知道成不成问题就成立专案组，结果摸不出问题，干部得罪一大堆。"

张玉崑说："干革命总得得罪一些人。"

"不能一般有点问题就成立专案组。"

这次讨论没有结果，致使"五反"工作进行得很慢，很多人根本就不买主抓"五反"工作干部的账。

刘达来校后，决定成立专案组，并亲自落实。

1963年10月4日召开党委常委会议讨论记录如下：

刘达说："学校的58级做政治思想工作应来22人（到'五反'办公室），只有4人报到，18人没来，这批人到底调不调作个决定，或者是我们这个决定不符合实际，就不来了，应该讨论一下，是就是，非就非，要不要坚持这个决定？……"

行政处处长说："党委的决定应该坚持。"

刘达说："写个通知，下周礼拜一，一定要报到，有困难也来，来了之后再做考虑。"

专案组成立后，经调查发现器材处的问题十分严重，几年来用掉三千多万元，积压浪费竟达八百多万元。专案组坚持把器材处的运动搞下去。刘达认为问题严重应当好好查一查。

原行政处、生活管理处处长于庆华，生活管理处副处长高文华都有严重贪污、多吃多占，运动中利用他们掌握的权利，抗拒"五反"运动、在六食堂他们打击揭发问题的肖××、张××，造成一起严重的打击报复事件。

六食堂打击报复事件后，在党委扩大会议上杨晓华（曾任行政处处长）说："于庆华'五反'时在食堂的动员，群众反映是反作用、反动员。"

刘达说："从今天的情况看，他的反动员不是不可能的，他贪污那么多，怎么能动员大家来揭发他。杨晓华的意见值得我们注意，我是一般地支持了杨晓华，是不是打击报复，我不明确，没有下决心，现在看，杨晓华的意见是对的，我们还是支持了肖、张。我们对行政处总支大会支持得不够。我批给王卓同志查。"

王卓说："我没有查。"

由于发生了食堂打击报复事件，干部们认为不能再让于庆华、高文华这样的人来领导"五反"运动了，必须免去他们的职务，调离领导岗位。刘达支持"五反"办公室同志们的意见，顶着压力，将高、于调离了生活管理处另行分配工作。

专案组查出原秘书长肖佛先贪污 2201 元，于庆华贪污 1401 元；张荣贵盗窃 19335 斤粮食、粮票和油 1168 两，还造假账。

面对这些大贪污犯、大盗窃犯，专案组主张逮捕法办。刘达主张劳动教养，遭到上级领导的反对。

到 1965 年 8 月止，科技大学共揭发出真正有贪污盗窃，投机倒把问题的就有 96 人，贪污盗窃金额之大，是全北京市闻名的。

二、下乡蹲点清理地痞恶霸

1964 年暑假，毛远新在中南海住。毛泽东和他如同父子。7 月 5 日毛泽东和毛远新谈话。毛泽东说："阶级斗争是你们的一门主课。你们学院（哈尔滨军事工程学院）应该去农村搞'四清'，去工厂搞'五反'。阶级斗争不知道，怎么能算大学毕业？反对注入式教学法，连资产阶级教育家在'五四'时期早已提出来了，我们为什么不反？教改的问题，主要是教员问题。"

当时，毛泽东随口而谈。事后，毛远新深知这一谈话的重要性，作了追记，写出《谈话纪要》。谈话内容迅速传到了高等教育部。高教部征得毛泽东的同意，印发了《毛主席与毛远新谈话纪要》。虽说是内部文件，却一下子便轰动了教育界。

刘达对这次指示是非常重视的，他在党委会上传达、组织讨论，并在同学中进行动员。1964 年 11 月，他亲自带领科大高年级学生、部分教师和干部参加了农村社会主义教育运动。刘达任分团党委书记，兼任顺义县六个分团协作组长，并在沿河公社的北河大队（六百多户，十一个生产队）蹲点。

刘达去沿河公社蹲点，他的家人很担心，因为他年过半百，身体已经开始衰弱。但是刘达没想停下来休息，他一心想的是国家的教育事业，一心想的是为国家做点什么。他到公社后没有私设食堂，没有住招待所，而是和教师一起住在老百姓家里，吃在老百姓家里，一天四毛钱一斤粮票。

他到公社以后先访问社员，听取他们的意见。有人反映在官庄有个"土皇帝"，南河有个"土皇上"，都是当地的恶霸，刘达决定先调查，再为民除害。

沿河公社官庄大队张耕田是一个党内走资派，1956 年起当过高级社社长、党支部书记。从他当社长、书记以来的八年时间里，贪污盗窃、吃请受贿、勾结地富、侮辱妇女，无恶不作，群众骂他是"土皇帝"。尤其严重的是，他利用职权残酷打击、迫害了四名上控他罪行的贫下中农，以"企图推翻村政权"的罪名，将三人判三年管制，一个（此人是复原转业军人）判八年徒刑并送到北大荒改造。刘达带领分团的干部到村里，这个人的家人便来找刘达，说明了冤屈。刘达做了一个调查，调查结果情况属实，决定给这个退役军人平反。刘达先找到顺义县法院，法院对张耕田给予了袒护和包庇，于是刘达亲自起草了判决书，并在判决书中指责了顺义县法院过去的工作，顺义县法院因此不同意为四名贫下中农平反。刘达把这件事反映到北京市高级人民法院，经过高级人民法院重新调查，证明刘达的调查结果是正确的，北京市高级人民法院副院长亲自到沿河公社向刘达承认法院工作中有错误。经顺义县法院重新审理，为四名贫下中农平反。平反后由北京市、顺义县公安局的人到黑龙江农场把那个退役军人接了回来，并决定将张耕田清洗出党，戴坏分子的帽子，交予群众斗争，为被迫害的贫下中农彻底平反。1 月 15 日，官庄 700 多人集会斗争"土皇帝"张耕田时，顺义县法院副院长到会赔礼道歉。

顺义公社北河村原来是日本特务组织先天道（后称大刀会）顺义、通县地区的一个中心，解放后一直没有认真进行过清查和取缔，一些罪大恶极的骨干逍遥法外。刘达到了这里以后，非常重视这项工作，积极性很高，决心很大，组织专门调查，查出有历史的反革命。在北河开了大会，整个公社逮捕了四人。

南河大队绰号"土皇上"的黄岐山解放后十几年内，横行霸道，奸污妇女，霸占寡妇，强占大量自留地，不参加集体劳动，贫下中农对他深恶痛绝。生产队干部对黄岐山非常愤慨，有人还向顺义县法院控告，但沿河公社和顺义县法院、公安局，多年来均不处理。刘达经过调查坚决处理了黄岐山的问题。没收他霸占的自留地（约 3 亩左右），给他戴上坏分子的帽子，让群众监督他劳动。群众都说，刘达为南河大队除了一害。

科学院给刘达配了一辆红旗轿车。刘达每次到顺义县沿河公社后就把车放在公社里，除回市委开会、回科技大学外，从来不坐车。每次到各公社去检查工作，他都跟大家一起骑着自行车去。有一次，刘达跟大家骑着自行车去村里，过一个沙坑时一下子摔倒了，跟他一起来的分团党委副书记何作涛赶紧下车把刘达扶起来说："可别把老头给摔坏了。"刘达说:"没事儿,我还行。"

在沿河公社吴庄有一个三四岁的孩子,突然发急症,刘达听说了,立即让司机开他的红旗轿车送孩子到顺义县儿童医院,因送得及时,孩子得救了。第二天,这个孩子的家长和村里的老百姓敲锣打鼓来到公社,给刘达送来一面镜子,上面写着:"感谢共产党给我孩子第二次生命。"

"四清"的时候讲"清思想、清政治、清组织、清经济",刘达在顺义县主要清理了一下经济,没有伤害一个村干部。

一天,刘达跟大家去北河大队,在大队边上有一个臭池塘,他下去用手抓了一把淤泥,从兜里掏出一个白手绢把泥包好。何作涛问,这淤泥又黑又臭,你要干什么?刘达说,我回北京的时候拿回去,试验试验看里面有没有肥料。到了村里,看见老百姓在地里撒肥料,刘达走过去,在粉碎的粪便筒里抓了一把拿到鼻子底下闻了闻说,这不行,你们这是白费工,告诉你们生产队长,这样施肥不行,不起作用,应该先让粪充分发酵,然后再施肥。

北京一些很权威医院的老院长,如北京结核医院的院长、老专家范秉哲,友谊医院钟慧澜和一些大夫也到顺义县搞四清。刘达对分团的后勤部副主任张立秉说,要尽量从生活上照顾好这些老专家,刘达还担心学生夜里加班饿了没有吃的,让张立秉到北京组织进货,买了很多炒面给加夜班的学生吃。那时候学生都很年轻,群众的条件也不好,"派饭"根本就吃不饱。

冬天,刘达一进学生宿舍就把手伸进炕上的褥子底下,看看学生住的暖和不暖和,问问吃的怎样,饿不饿;夏天,刘达告诉大家怎么防蚊子、防腹泻,叮嘱大家注意卫生、预防疟疾。

"四清"的时候,有一个部队的同志喜欢练字。有一天,他正在练字,刘达来了,看了看说:"你写的好看,但是没有功力,我给你写。"大家看刘达写得好,都说:"给我写一幅,给我写一幅"。张立秉也要了一幅。刘达写给大家写的都是毛主席的诗词。结果文化大革命一来,这些字画成了罪证,说刘达包庇张立秉,重用反党分子。

刘达一个在外地工作的孩子回北京结婚,他只回家待了半天,没有结婚礼物,没有家宴,有的只是简短的告诫。当孩子们看见自己的父亲穿着农民式的棉袄,腰里系着布带,完全是普通农民的装束时,十分不理解。刘达认真地说,这样才能更接近群众。

三、大学生不能只学习毛主席语录

刘达刚来科技大学的时候，经常找时间亲自去研究所调查访问。如原子能所、物理所、无线电电子所、地质物理所、生物物理所，一个所一个所去拜访。访问的科学家也很多，如钱三强、严济慈、华罗庚、钱学森、赵宗尧、施汝为、贝时璋、赵九璋、顾德欢等。这些科学家都是从国外回来的。

工作一段时间后，刘达发现学校里的主要领导中党内人士比较少，就介绍华罗庚入党。那时候是校长负责制，他每次开完会以后，都把会议的主要精神跟严济慈他们说一说。平时只要有时间，就到严济慈、华罗庚的办公室去，听取他们的意见。每次座谈后，刘达都亲自对秘书江其雄整理的纪要进行认真修改，形成文件送交到各个研究所、科学院的领导和科技大学的各个科技部门，还提议邀请严济慈、华罗庚出任副校长。

郁文在科技大学担任党委书记的时候，因为他主要工作在中国科学院，很少来科技大学，所以科大的干部们比较散漫，迟到早退是普遍现象。科技大学的办校方针是全院办学、所系结合。1958 年成立后，对方针的执行、落实得不多，对学校的管理也不多。各所研究员来学校讲完课就走了。刘达来了以后，首先抓了方针落实和对学校的管理工作。他要求干部不能迟到早退，必须按章办事。经常组织会议，进行批评和自我批评，对表现差的人毫不留情面。

科大有一个老同志，是一个很有资格的教务处长，每次开会都迟到，他手上总是拿着一个篮子，里面装着瓶瓶罐罐。刘达每次开会都要厉声批评他："你是来开会的，拿个竹篮子做什么?!"

为了杜绝这种散漫现象，让科技大学走向正规，刘达亲自去第一线。过去科技大学几个系在一个食堂吃饭，不但拥挤还容易出现摩擦。刘达来了以后建议每个系都自己办食堂，让各系一定要把学生生活安排好，首先要吃好。他还到学校食堂养猪、种菜的场地去，跟师傅们聊，跟师傅们一起切磋如何能把菜炒得更好。而他却从不在食堂吃一顿饭。他每天早上上班的时候带一个饭盒，放到锅炉房，中午到那里去吃。有时候开会来不及就让秘书帮他把饭盒拿到办公室。他还经常到后勤班，哪怕工人下地沟，他也要去看看，有不妥的地方他都要亲自指挥。

这样各部门干部向刘达汇报工作时，就会发生三种情况：一是对工作的情况掌握得不多，老也说不准；二是对情况的判断总是不全面；三是情况说得准，判断还正确，也能拿主意。结果第三种人被刘达当场表扬、重用，第一种人和第二种人就挨批评，不敢见刘达。有些干部挨他一次批评就很畏惧，两三次后就连路过他办公室时都害怕。

在全国学习解放军的热潮中，北京市委党校举办了学习班，学习班结束后又组织高校学员到哈尔滨军事工程学院学习，回来后分专题研究高等学校如何向解放军学习，如何学习毛主席语录。一天下午正在讨论的时候，刘达赶到学习班听大家发言。他听了一些人发言后站起来说："不行，这样不行，大学生不能只学习毛主席语录！只学习'老三篇'太简单了，应该学习毛主席著作，一定要学习精神实质，不能一边拉单杠，一边念语录：下定决心，不怕牺牲，排除万难……这样就会简单化，搞形式主义，不能要求句句话都对照起来用，学生学习毛主席语录一定要注意这一点。"刘达说完，大家都惊讶地看着他，当时这样想的人很多，却没有人敢这样说。

刘达每天八点准时到校，在上班前学习一个小时左右的毛主席著作。

1964 年在北京市坐红旗轿车的人没有几个，都是国家领导人坐的。刘达感觉自己坐红旗轿车太扎眼，就去找科学院领导说："我不要红旗了，这车子太费油，给我辆普通的车就行了。"于是"红旗"变成了"伏尔加"。刘达平时不用车，他出去的时候，如到北京市政府赵凡（建国后，历任中共北京市委农村工作部部长、市委书记处书记，北京市副市长，农林部、农垦部副部长，中国农垦农工商联合企业总公司董事长）、刘仁（北京市委书记）那儿，一般都是把车放在市委大院不动，有事就坐赵凡的车，让司机在市政府等他，等他办完事回到市政府再坐自己的车回去。

有一天，刘达在办公室里写报告，忽然有人告诉他说，宣雅静（时任科技大学无线电系党总支书记）全身出血，鼻子、眼睛、皮下、胃都出血。刘达立即用自己的车把宣雅静送到军区医院。苏联医生检查后说："快点快点，她要不行了，快把她送到手术室！"然后给宣雅静打了两针日本进口的药。刘达马上安排宣雅静（她爱人是部队干部）以军人家属的身份住院，并亲自去办住院手续。经过 12 天的抢救，宣雅静被抢救过来了。后来医生告诉宣雅静，如果晚来半个小时就没命了。在宣雅静住院期间，刘达抽时间到医院来看望她好几次。刘达跟医生讲，一定要全力抢救。还给医院写信：你们要人我们出人，要血我们出血，请你们一定要全力抢救。

刘达来科大之前，科大流传一句话："穷清华，富北大，不要命的来科大。"清华校园很大，空旷得像农村一样；北大校门是宫殿式的，校内建筑比较豪华；科大在教学方针上采取了重、紧、深。重：科大的学生五年要学的课程比清华、北大六年的课程还多；紧：时间紧；深：学生们五年级就学到学科前沿，像两弹功勋钱学森、郭永怀亲自给学生上的课，在全国是独此一校，相当于现在的硕士、博士生层次的课。所以科大的师生把"星期天"叫做"星期七"，而且科大学生在高中时绝对是高才生，但到强手如林的科大，拼命尚能勉强应付，稍不努力就跟不上了，只有拼命了。所以在科大出现了"三多"，即开夜车的多、拿药罐子的多、戴眼镜的多。

四、教学也要精兵简政

科大的"三多"引起刘达的注意，他更懂得爱惜教师和学生。而科技大学办校的方针是"全院办校，所系结合"。这个方针定得好，实施得不好，所以刘达决定亲自抓并系工作。

1964年2月13日，毛泽东主席作春节指示："旧教学制度摧残人才，摧残青年，我很不赞成。"

2月24日刘达在科技大学党委内作了第一次传达毛主席指示，2月28日在校务常务扩大会议上第二次传达。这次会议提出了关于执行主席春节指示的一些具体措施。这些措施指出：根据中央关于教育工作问题的指示，会议认为，学校从建校以来取得的成绩是主要的，但存在的缺点也是严重的，学生学习负担过重"开夜车的学生多"和"消化不良"等现象，比其他院校更突出。会议还提出：学制改为四年半，学生不作毕业论文；四年的课程学习时间定为二千至二千二百小时，将现有的课时砍去约三分之一，增加学生课外自修时间，用更多的时间加强基础课学习和实验技术训练；用较少的时间学习专业基础课和部分机械工程课。

1964年4月1日刘达参加了科学院党组会议。部分会议记录如下：

刘达说："两个问题，一个毛泽东主席指示一定要贯彻，一是学习解放军的问题。贯彻毛主席指示，在科大更迫切，时间比较短，问题不比人家少，所系结合，名副其实的情况不多；教学不得法在科大是有名的，所以要贯彻主席指示更迫切。……必须合并系，再分那么细就没有那么必要了……这个改变牵扯面很大，所里要越细越好，实际上并不好。学生学得多，不踏实，不符合少而精的精神，学生负担重，影响效果和健康。"

杜润生说："应保持科大的特色，专业是科大的特色之一。"

刘达说："如不这样调整，很难贯彻春节指示精神。"

张劲夫说："理工怎么结合呢？"

刘达说："可以结合，和北大不完全一样，不这样做，不能减轻学生负担。"

张劲夫说："合并系，课程不变行不行？"

刘达说："不行！没有实际效果。教学也要精兵简政，这也是促进我们要调整的理由之一。"

杜润生说："还要保留专业和教研室，以便经常和所里联系……"

郭沫若说："系的合并，他们已酝酿很久，可以同意合并。"

张劲夫说："原则同意合并，但有两条：学制不变，课程不变。"

科学院从表面上是支持了刘达进行教改，但是学制不变、课程不变，根本不能改变原来的现状。所以在1964年9月召开的第二届党代会上，刘达针对这些改革指出：我们在教学工作上所做的改革还是局部的、枝节的，属于治标性质，许多根本问题还没有根本解决，有待今后研究。例如学制问题、专业设置、教学劳动与科研的具体安排、各专业新教学计划的制订、试验体制的建立、政治工作的改进等，为了逐步研究解决这些基本问题，我们必须很好地学习毛主席著作和毛主席教育思想，并根据我校实际情况创造出一套具体的执行办法。因此，贯彻主席教育思想、不断进行教育革命将是我校今后一项长期的中心任务。

1965年7月3日，毛主席指示："学生负担过重，影响健康，学了也无用。建议从一切活动总量中砍掉三分之一。邀请学校师生代表讨论几次，决定执行，如何，请酌。"

刘达的教改工作一直都没有得到顺利实施，现在他接到毛主席这个指示时，似乎看到了希望，心想毛主席的指示虽然只有五十一字，但却像久旱后的春雨，来得正是时候。

为了让教改能顺利进行，刘达特意从"四清"一线回校，再到力学所、原子能所与"专家"座谈。召开党委扩大会对毛主席的指示做了传达，并在党员干部会上做了"关于进一步贯彻主席教育思想问题"

的报告。

他写信给张劲夫："建议由院党委召开各所有关同志和专家座谈一次，如何进一步在科技大学贯彻毛主席思想，把科技大学办得更好的问题。"

经过努力，刘达克服了重重困难，把科技大学十三个系变成六个系。把干部的调整明细化，原来系主任是科学院定的，研究所的所长担任的，行政副主任、总支书记都是一些部队转业的同志。合并以后刘达把这些老同志逐步调离，提拔了一些比较年轻的知识分子。调整后学校教职员工在教学、工作上都比较认真，教研水平逐步提高。并于1965年12月拟定了《关于免修、自修、加选等一些问题的暂行规定》，其主要内容如下：

1. 学生对某些课程，如确已掌握教学大纲规定的内容，可申请免修；

2. 学生可以要求自学某些课程；

3. 有免修课程，提前介绍教程或在学习上有余力的学生，允许适当地提前学习高年级课程；

4. 学习上有余力的学生，允许适当加选其他课程；

5. 几个授课班讲一类型的课程，学生可以自由选班上课。

刘达很在意科大的教学氛围，他主张教师要来自四面八方，采用多种风格，多种形式来教学。同样是物理系，讲课的内容一样风格完全不一样，学生喜欢哪个教师的风格就去听哪个教师的课。这种可以竞争、可以探索、开放式的教学理念，在科大形成一个很好的教学氛围，直到现在还延续着这种多元的模式。

刘达在科大的教改，被学生们归结为"三化"：自由化，英语化和西方化。

一、以学生为中心，推行西方大学的学分制，大搞"自由化"大幅度减少必修课，每学期仅规定三门必修课（包括外语）。每门主课三个学分，完成规定学分即可毕业。学生可自由选修全校任何专业、任何年级和任何教师的任何课程，可以跳级、单科升级和提前毕业，也可以不去听课，完成自学，只要参加期末考试及格即可。

二、重视英语。"文革"前除了外语学院，科大大概是全国最重视外语的大学。学校规定，学生必须掌握两门外语才能毕业。刘达的教改，尤其强调英语。新生入学后，无论原先学过何种外语，必须首先学英语，英语过关后才能学其他外语，从未学过英语的新生，编入英语慢班；学过三年英语的进入快班；学过六年英语的，进入特快班。特快班由外语教研室主任田雨三教授亲自授课，主要用英语讲课，强调学生要达到看、说、听、写"四会"，才算学会英语。

三、采用英美教材。过去科大与其他大学相同，采用苏联教材和其他大学或本校教师编写的教材。科大一些课程开始直接采用美国教材，例如化学物理专业的普通物理学，就是采用李重卿翻译的美国哈里德·瑞斯尼克的《物理学》。

这场教改，极大地调动了科大学生学习的积极性、主动性和竞争意识。65 级的学生大多是各学校的尖子生，个个雄心勃勃，人人争先恐后，都想在教改中出人头地，多选课，快修课，除了吃饭、睡觉和体育锻炼其余所有的时间都用在学习上。这样，在科大就形成了一种现象，开晚班车的还没有回去，开早班车的学生已经来了，科技大学的教室 24 小时都是亮着的。

五、我又要当运动员了

在学习毛主席著作时，刘达曾多次强调说："我们检查了学习主席著作的基本错误（不仅是缺点）是未在'用'字上狠下工夫，形式主义东西多，用毛主席思想改造我们的思想，指导工作很差，所以我们以后要在'用'字上下功夫，从实际出发，不能搞形式主义，要'少而精'就是理论联系实际，狠抓'用'字。学与用的问题，学就是为了用，少而精，'精'就是领会了精神实质并能实践。今后互相监督必须用毛泽东思想来指导我们一切言论和行动。我们要自觉自愿，自由结合，防止强迫命令，防止浮夸与形式主义，不要乱提口号，特别是那些不合实际的口号。"

1966 年 3 月科技大学召开的《毛著学习讲用会》，是唯一的一次全校性毛著学习经验交流会。刘达对有些人搞形式主义非常气愤。

会前宣传部的同志请刘达审查发言材料，他说："我不看！那么多，你说我官僚主义就官僚主义！"

会上他严厉地说："不要开那么多大会，评五好单位、四好支部、优秀学生就自然评了毛著学习积极分子，那就是毛著学习经验交流会！"刘达在会上指责同学的发言："这么空洞！这是你们宣传部文风不正指挥下搞的。对于毛著学习，要活学活用！什么是活学活用？煤气站的工人寇连生就是一个典型的例子，寇连生，一个普通的工人，他能想尽办法把煤气站经营好，让煤气站成为我校的先进单位，他就是我们活学活用的榜样。寇连生就是我们学校的秀才，你别看他没有文化，但是学习毛主席思想比你们学得好！"

1966年6月8日，中共中央发布了《中共中央关于开展无产阶级文化大革命的决定》这一历史性的文件。也就是从这天起中国进入了史无前例的"文化大革命"，这场动乱在全国范围内爆发，长达十年之久，震惊了全世界。

高等学校首当其冲遭到破坏，学校停止招生，教学科研工作被迫停顿。

就在这一天，中国科学院的工作组进驻科技大学。

工作组先找到科技大学无线电系党总支书记宣雅静了解学校情况。

工作组的组长是宣雅静原工作单位第三野战军的一个领导，但是她根本没考虑到这些关系，只是实话实说。她说："郁文当党委书记的时候，要么不来，来了以后就是吃喝跳舞；刘达来了以后，要求严格，一切都走上正轨，校风很好。"

工作组是科学院派来的，听宣雅静这样说十分恼火。

工作队走后，宣雅静到刘达办公室汇报情况。

刘达说："我又要当运动员了，每次运动都要挨整的。"

宣雅静问："为什么？"

刘达说："他们愿意整。"

工作组认为刘达在晋察冀时跟彭真关系密切，把刘达定性为"彭真黑帮分子"。

刚开始只是撤销刘达在科技大学的职务，让他在家里好好反思。工作组在学校搞了一阵子后，把矛头指向了学生，把一些学生或一些青年教师打成反革命，后来毛泽东谴责了工作组搞资产阶级反革命路线，提出"革命无罪，造反有理"，学生开始造反了。因刘达是党委书记，是一把手，所以学生们把刘达抓回学校进行专政。

刘达被专政以后，要选一个可靠的人来看着他。张腊狗（现名张恒烈，科技大学62届学生）是预备党员，出身农民。于是学校和系里选张腊狗看着刘达。刘达被关在教学楼一楼离厕所不远的一间房子里。从这天起，张腊狗与刘达同吃同住。

刘达每次被批斗回来，都把批斗他戴的帽子、挂的"打倒走资派"、"科技大学特号走资派"、"顽固不化的走资派"等牌子带回来，等再批斗他的时候，主动把帽子戴上、牌子挂上。

张腊狗问："人家会带帽子、牌子来的，你为什么要自己戴帽子、挂牌子？"

刘达说："人家带的帽子、牌子太重，我找个轻的先戴上、挂上。"

刘达每天被批斗回来，都坐在一个木板床上学《毛主席著作》，一边学一边在旁边注解。

有一天下过雨，刘达就到树林里采蘑菇。蘑菇采回来之后，他让张腊狗把蘑菇放在一个磁杯里面加一点盐去蒸。

张腊狗问："野生蘑菇不是有毒吗？"

刘达说："我当过林业部副部长，我知道什么样的蘑菇没有毒。"

蘑菇还没蒸好，一个造反派组织送来一张大字报，勒令"走资派"、"反动学术权威"交钱支持他们革命。

刘达说："你仔细看看，我不能交。"

张腊狗问："为什么？"

刘达说："你看看，'勒令郭沫若交十万元，华罗庚交两万元，刘达交一万元，如交出，按对抗文化大革命论处，把那个'不'字写丢了。造反派写丢了一个字，我不能交。"

在刘达被专政期间，刘达向张腊狗讲述了他的经历，张腊狗是农民出身的学生，听了以后很受感动，对刘达重新认识，被刘达在逆境中仍然一身正气、坚持真理、实事求是、坚持乐观、热爱生活的精神感动，开始敬佩刘达，也在潜意识里开始保护刘达。

刘达爱吃，他到食堂买三两米饭和两毛钱的熘肉片（那时候就非常好了）。造反派说："走资派还养尊处优，一个窝头，五分钱大白菜！"

刘达把饭菜拿回来，张腊狗把饭菜拿过来自己吃，然后拿着饭票去买三两米饭和两毛钱熘肉片给刘达吃。

学校有一个造反派教师，热衷于批斗刘达。一天，刘达去食堂吃饭，他揪住刘达说："顽固不化的走资派，你也到食堂吃饭？"然后递给刘达一个方凳，让年近六十岁的刘达，到凳子上面站着。张腊狗看刘达站在凳子上，就对站在他身边的 62 级 6 系的同学韩详文说："你去把刘达叫下来。"韩详文走过去说："刘达，你怎么站在凳子上？革命群众都吃饭了，你怎么还不吃饭？"刘达又从凳子上下来，排队去吃饭。刘达当时所处的情况，有人叫他站在凳子上就得站在凳子上，让他下来就下来，不能对抗群众，否则就要挨打挨斗。

刘达被批斗的时候，戴着高帽子、背着胳膊（作飞机式）在操场上跑。有一次，在大礼堂里面开党员大会，有人叫刘达也去听报告，会上有一个站在讲台上的教工喊："刘达没有资格听报告，我们把他轰出去！"刘达当即站起来说："为了使大会开好，我可以退出会场，但是我保留党员听中央文件的权利。"

在一次批斗刘达的游行中，走在刘达旁边的一个老师叫唐丰义（马列主义教研室老师），举起拳头要砸刘达的头，被张腊狗和韩详文挡住了。张腊狗对另外一个同学说："这个老师太不像话，打刘达，不能容忍！"那个同学为了讥讽其人就写了一张大字报——应当把唐丰义选入校革委会。这个学生就是后来发明王码输入法的发明家王永民。

六、刘达是好干部，是打不倒的

"文革"中，凡关在"牛棚"的人都要挂着牌子排队去食堂吃饭。刘达胸前是一块"走资本主义道路当权派"，背后是一块"反党反社会主义反毛泽东思想的三反分子"。两块牌子的两根铁丝，交叉在刘达的脖子上。有一次走向食堂的途中保刘达的和反刘达的都来抢刘达。在混乱中刘达奋力脱掉两块牌子，拼命向本来关押他的一派跑去。

事后有人问他："你怎么不往保你那边跑？"

刘达说："如果我不快点脱掉牌子，两派一拉，非把我拉死不可；如果我往保我那边跑，两派会打得更厉害。"

那人问："当时你怎么判断那么快？"

刘达说："一时急中生智，一切判断都发生在十几秒中，我也不知道怎么跑得那么快，大概是一种求生的欲望和对两派打斗的忧心在潜意识中起作用吧！"

1967年4月，科技大学工作组重新把刘达问题提出来。这时，张腊狗从工厂劳动回来，决定成立一个组织，叫"中国科学技术大学彻底批判资产阶级干部路线联络站（简称干联站）"。

科技大学有这样几个组织，一个叫"东方红公社"，一个叫"延安公社"，一个叫"红旗纵队"，这三个组织都是打倒刘达、打倒走资派的。而"干联站"公开称"刘达同志"，这四个字是王永民写的。这个组织成立起来，选张腊狗为负责人。还有两个负责人，一个叫董会双，一个叫赵婉如。很快这个组织就扩大到十几个人，这个组织以保护一大批干部和科学家为主，重点保护刘达。

为了了解刘达，"干联站"组织外调，对刘达进行深入调查。东方红公社专案组组长羊国光也搞了一个外调，还经常跟"干联站"的同学交换材料。学生把干部分成四类：好的，比较好的，一般的，差的。刘达被认为是二类干部。科技大学大部分人都在喊打倒刘达，暗地里却都在保刘达。只有"干联站"公开称刘达同志，公开保刘达。

科大的一些干部、老师暗地支持张腊狗保护刘达。其中校总务处的一位干部，给了他们最大的支持，给他们10张"公用月票"，这种月票10元一张。当时其他组织都是七八十人，甚至更多，干联站只有二十几个人，就给他们十张月票。而且，还给"干联站"主动提供糨糊、纸张办公用房等方便。"干联站"没钱就让他们赊账，没车就给他们派驾驶员专门为他们出车。

陆宗伟，64级的上海姑娘，"干联站"的一名成员。刘达很喜欢这个思想进步、性格文静的女孩，于是他趁张腊狗不在的时候，就对她讲张腊狗如何如何好。慢慢地，这位上海姑娘与农民的儿子张腊狗建立了感情，后结为伉俪。

刘达对张腊狗讲："办好一个学校要有三个队伍，干部队伍、教师队伍、学生队伍，有了这三支队伍，学校才能办好。"

运动中期，刘达成了"死老虎"，对他的专政一度放松，就经常在"干联站"与张腊狗聊天，一聊就一个下午或者是一天。学校给张腊狗的办公室是科技大学东大门的警卫室。

刘达会包水饺，有一天，刘达教张腊狗他们包水饺。张腊狗是南方人，水饺熟不熟不知道，刘达就告诉他："水饺漂起来的时候，用筷子一夹，饺子肚弹起来就熟了。"饺子没有吃完，就有人贴出大字报——刘达拉拢腐蚀学生。

刘达每天早三点半起床，四点半从家出发走到科技大学，到学校正好八点；下午四点半从学校往家走，走到家是晚八点。刘达不敢坐公共汽车，怕汽车不准点，怕人家批判他时，他来不了。那段时间，刘达反复交代张腊狗："如果我有一天死了，不管死在路上还是死在什么地方，肯定是他杀，不会是自杀。我相信党中央，相信毛主席会正确地对我做出结论。"

为了调查刘达是好干部还是坏干部，陆宗伟和赵天真（科大64级学生）还去了一趟东北。她们没有想到，东北农业大学、东北林业大学的老师学生都在斗他们现任的领导，都说刘达是好人。"干联站"的学生们通过几个月的时间进行外调，整理了一份七万余字的材料——《刘达同志综合材料》（至今在张腊狗那里保存）。张腊狗把这份材料拿给王震看，王震对张腊狗说："我不会写字，要看字典才能读书，我说你写。你们没办法把资料送到周总理手上，我能送到。"王震让张腊狗在材料前面写上这样一段话：刘达同志是我党的好干部，我对刘达同志是了解的，刘达同志在晋察冀带领地方武装打仗是勇敢的，贯彻我党毛主席教育路线是坚决的，为人是正义的！

因为刘达，张腊狗与王震接触过十余次。这时有人想见王震，就来找张腊狗，让刘达给写条。一天张腊狗去见王震，王震对张腊狗说："刘达是左派，你们保他也是左派，刘达是好干部，是打不倒的！刘达打伪军是非常勇敢的！他作为一个知识分子，跟我们这些大老粗相处得非常好，我向刘达同志学到很多优秀品质。"王震顿了顿说："前两天来了两个学生说要打倒刘达，我把他们狠狠批评了一顿，我说：'你们想管这个大学，你们还没有这个本事呢！'"

不久王震也被打倒。刘达为此写信给周总理，他不谈自己的事，相信组织调查，说王震是好人。1967年末，毛泽东说了一句："王大胡子是好同志。"王震才解放，刘祖平（科大62级学生，现为中国科大教授）为了刘达的事儿来到王震的家，王震对他说："刘达是跟工农兵结合得最好的干部。我跟刘达相处得非常好，经常跟他住在一起。"刘祖平问王震："刘达有什么错误？"王震义愤填膺地说："在那个时候（反右倾的时候）要不为这些干部说话，那就不是共产党员了。大跃进时，胡吹的话都吹到中央的会议上了，让人听不下去。有一次开会，一个河南的书记说，现在的耕地如果都按他们这样种的话，只要有三分之一的土地就能养活全国人民，其他的土地都可以用来搞建设。后来，刘达听说了反驳说：'如果全国都像他这样说下去的话，全国人得饿死三分之二！'这叫错误吗？这叫实话！"

王震一直保刘达，科技大学给王震写信批判刘达，王震一律不接，他说："你们认为刘达是走资派，我认为不是，我不接。"

七、学生们称他"硬骨头"

1966年"文革"开始，中央下了一个指示"把地主赶出城市"，刘达96岁的老母亲被当作"地主婆"遣送回老家。由刘冀护送从北京坐火车到哈尔滨，刘寿宁在哈尔滨接站。刘冀、刘寿宁陪同老人一起坐轮船到肇源，再改乘公共汽车到达新站村。刘冀回北京时对老人说："奶奶，过年的时候，我来接您。"老人拄着拐棍到大门口，亲自送刘冀和刘寿宁。可刘冀他们走了不几天老人就去世了，去世那天是 1966 年 10 月 5 日。

刘达得知母亲去世的消息时，已经被专政。他只能通过张永谦（原中共中央党校教授）的爱人了解到家里的信息。

刘达坐在被专政的牛棚里，想起了母亲，想起小时候，母亲看着他时的眼神，想起母亲对他的教育，想起自己年近花甲每天回家时，都能看见他母亲拄着拐棍在门口等他的样子。母亲老了，却要被送回老家，新站村离北京这样遥远，一路要乘火车、轮船、汽车，别说是九十六岁的老人，就是年轻人走一次，也会十分疲惫的。刘达想着母亲不禁老泪纵流。

刘达总是为保护知识分子，坚持实事求是，敢于说真话而遭到打击、侮辱、打骂、诬陷。但是，年近花甲的他不屈不挠，他相信，总有一天党和人民会给他一个正确的评价。

科大的学生们称刘达"硬骨头"。

在批判刘达的大会上，造反派问他："你有什么错误，有什么问题？"

刘达说："对毛泽东思想认识不够高。"

造反派问他："你属于哪类干部？"

刘达说："我属于第二类，比较好的。"

造反派不高兴问："我们都在搞文化大革命，你在干什么呢？"

刘达从兜里掏出一个本，从头开始念，哪天领导找我谈话，让我回家不用上班了，然后下午、晚上学习毛选第几篇、第几页，学习《人民日报》上的哪篇社论，说得清清楚楚。

一连念了好几天。一个造反派烦了，说："刘达的思想汇报不够好，应该惩罚他，让他打扫厕所！"这时候，刘达就突然抢前一步，冲到了麦克风前大声说："让我劳动是可以的，把劳动作为惩罚的手段是错误的！"刘达这样一说，自然少不了被拳打脚踢。

刘达每天都要向造反派汇报思想。第二天他汇报的内容是打扫厕所。他没有写什么打扫厕所使自己"接近劳动人民，有利于思想改造"这类流行的套话，而是说他从一楼打扫到六楼，发现一楼用厕所的人最多厕所最脏，越往上的厕所用的人越少越干净，因而他建议今后设计楼房时，一楼的厕所应该大一些，高层的厕所可以小一些。

这样的汇报专政队是不会满意的，于是有人用纸板把刘达画成一只丑陋的乌龟，钉在电线杆上，让校园里的行人驻足取笑。寒风中头戴一顶破帽、身穿一件旧棉袄、手持一把大扫帚清扫马路的刘达，受尽了人身侮辱。

造反派老批斗刘达觉得没啥意思，就把何作涛抓来，跟刘达一起批斗。

1964年9月到1965年6月在顺义县搞"四清"时，刘达任分团党委书记，何作涛任党委副书记；刘达任科技大学的党委书记，何作涛任教务处长。所以专政队认为何作涛是刘达的大红人，把刘达定为一号黑帮，何作涛定为二号黑帮。开批斗会的时候，刘达在操场上左角跪着，何作涛在右角跪着。

军宣队进学校后，要刘达背老三篇，刘达说："我不背，我劝你们也不要背。毛主席著作是行动的指南，背不等于是行动的指南。"军宣队的人拿刘达没办法就说：他年龄大了，背不下来。

刘达在"文革"中的第二条罪名就是反对毛泽东思想。他曾在《六三级清理思想总结报告》中说："毛主席的话句句是真理，一句顶万句，难道他上厕所说的话也是真理吗？事物都是一分为二的，毛主席思想也是一分为二的，不信你看看毛主席著作，那里面就有很多删改，删改的不就是说明没改之前是不完善的吗？"

造反派除了强加给刘达一些罪名以外，动员他的秘书江其雄，让他揭发刘达。江其雄跟刘达在一起相处了三年，比较了解刘达，他认为刘达是一位实事求是、一心扑在教育事业上的好领导，没有什么好揭发的。所以他也受到隔离，被送进学习班。

造反派为了打倒刘达，还派一个女干部到何作涛家里去做他的思想工作。何作涛问："为什么要打倒刘达？"女干部给了他一本《刘达反毛泽东思想一百例》的材料，那时候反毛泽东思想都是死罪。里面是毛泽东怎么说，刘达怎么说怎么反的。何作涛看了以后，在材料上画了圈，添了一句"刘达是不反毛泽东的，刘达的话是符合毛泽东思想的"。为了这件事，打倒何作涛的那一派，追查起他来没完。

在科技大学，无论哪一派开批判大会，都要批斗刘达。刘达是第一号走资派，张立秉（时任校机械厂厂长）自然就成了牛鬼蛇神。有一次，在机关职工批斗会上批斗刘达，把张立秉抓去一起批斗。

造反派问刘达："你为什么要给反党分子张立秉翻案？"

刘达说："我觉得他埋头苦干。"

在大会上不但让刘达跪下，还让他匍匐在地，在脖子上压两个砖头让他作飞机式。此时的刘达年老体胖，做这样的动作对他来说是极其残酷的，但是他咬牙挺着，不让自己垮下去。

挨批斗回来，在牛棚里，有人劝他："刘书记，你何必这样犟呢？你认点罪不行吗？认点罪就少受点苦，你越不认罪，他们斗得越凶。"

刘达说："现在还不是我说话的时候。"

他不屈服的精神给一屋子里的牛鬼蛇神起了榜样作用，到什么时候都要实事求，敢于说真话。

在"文革"当中，刘达敢于坚持原则。那时候，经常有人找他"外调"。有一次清华大学的造反派组织井冈山公社到科大来找他"外调"，"外调"的人总是要刘达按他们的要求提供"材料"，稍不合意，就拍桌子训斥他："态度老实点！"

刘达平静地回答："就是因为老实才这样说。按你们定的调子说，就不老实了。要谈就这样谈，不谈你们就走！"

"外调"的人气得不得了，骂道："你要是顽固不化，坚持立场，你就是不齿于人类的狗屎堆！"

刘达忽地站起来，大声对他们说："你们才是不齿于人类的狗屎堆！"

1967年11月23日，中国科技大学公布了杨成武的一封信。杨成武在科技大学报送三反分子刘达的材料上批示：刘达在晋察冀，紧跟彭真、刘澜涛，反对以聂荣臻为代表的毛主席无产阶级革命路线。杨成武，1967年10月30日。同意，康生，1967年10月31日。

刘达看了信后自己也写了一张大字报——"驴有四条腿，难道四条腿的都是驴吗？"

刘达给杨成武写过三封信，投递在科技大学的邮筒里面。第一封信是张腊狗投的。刘达在信中说：杨成武同志，你不了解科大的情况，你对问题的表态，对我造成了很大的灾难。刘达认为杨成武是非常聪明的人，接了信应该表态。但是等了好久没有回信，刘达认为杨成武没有收到信或不好表态。然后又给周总理写了信。

张腊狗说："周总理认识你吗？"

刘达说："应该认识我，我做林业部副部长的时候跟他谈过话。"

后来周总理也没有回信。

刘达对张腊狗说："看来，周总理对我的事情也不好表态了。"

八、真理是在斗争中前进的

一天晚上，张腊狗接到黑龙江省地质学院打来的电话："昨天晚上

9 点多，刘达的儿子刘晋，在学校围墙下小便，被对面一派组织乱枪打死，我通知你让他家来人办理这件事情。"

张腊狗当即把这件事情告诉刘达，刘达非常伤心说："我和汪琼有三个儿子，国力还小，刘晋是我最喜欢的一个，而且是个预备党员。他没有参加任何组织，被莫名其妙给打死了，这让我十分悲痛。"刘达当天向军宣队请假，回家商量怎样处理这件事儿。

刘达请假回家后，张腊狗领回了助学金，到小卖部买了三毛钱的猪头肉和两毛钱的熏干。张腊狗在学校拿助学金是最高的，15.5 元饭费，3 元零用。张腊狗是农村孩子，家里穷，个子大，吃不饱，所以每次领回助学金都到小卖部买三毛钱的猪头肉或两毛钱的熏干吃。刘达再次被打倒，加上昨晚又听到刘达的儿子刘晋被乱枪打死，他心情不好就去买肉吃。有人看见张腊狗买了猪头肉一边走一边吃，马上给他写了一张大字报——腊狗买腊肉。意思就是中央领导表态了，刘达被打成死老虎了，张腊狗还不服气，去买腊肉，想吃饱了去保一只死老虎。

等张腊狗回到学校的时候，"干联站"的办公室被抄了，门上贴了一张小字报——中央首长谈刘达。张腊狗看见小字报后非常气愤地来到宿舍，走到宿舍前，看见第五层楼上挂着造反派用自己的床单拼写的大字报——无产阶级司令部的强劲东风吹进了科大。

就在这天晚上 12 点左右，整个科技大学喇叭响了："无产阶级革命派胜利了！"于是科技大学部分人组织游行。不一会儿又开始广播："顽固不化的走资派刘达逃回自己的家里，无产阶级革命派到他家里去抓他回学校接受组织批判。"

原来刘达正在家里商量如何处理刘晋的后事，科技大学的造反派来让刘达回去接受批判，刘达说："我请假了，今天我家里有事情，我最喜欢的儿子被乱枪打死了。我的情绪极为不好，我的精神十分沮丧，我要在家里商量一下他的后事。"

造反派说："不行！必须现在就回学校接受群众的批判！"

刘达说："我不去！"

两个造反派就把刘达从床上拖下来，刘达从床上掉下来的时候，蹬了一下腿，所以造反派回到学校后在大字报和广播中说："我们叫刘达回来，刘达在床上耍无赖，两条腿对着天乱蹬。"那天批判会一直开到凌晨两三点，刘达被游街，作飞机式在操场上一圈一圈跑，把他折腾得死去活来。

刘达再次成为专政的重点对象，被关在科技大学主楼去物理楼的过道边上，大概有十五平方米的地方。

第二天，刘达对张腊狗讲："张腊狗，这个房子的温度是零下14度，我的毛巾五分钟就结了冰。"

张腊狗转身就到锅炉房给刘达找炉子和引柴。张腊狗到处找炉子找不到，后来被人汇报到了军宣队。

军宣队副政委宋协兹把张腊狗叫去批评："你应该回62级6系搞文化大革命，你为什么给刘达找炉子？我们工宣队很冷，你怎么不给我找炉子？你什么阶级感情？"

张腊狗说："谁是科大的主人？我们学生是主人！你们到这儿是领导我们主人的，你们有人给你们找炉子，而刘达被关在那儿，没有人给找炉子！"

坐在一旁的延安公社负责人黄英达没有吱声。

黄英达（科大61级学生）当时是坚决打倒刘达的，"文革"后黄英达入党的时候遇到了困难，大家都说他是反对刘达的，刘达就把黄英达所在系的支部负责人找去说，我认为黄英达这个人思维清楚，反我的时候是根据思维反的，在批判邓小平的时候，黄英达在校革委会上是不批的。他基本符合入党条件，应该培养，考虑吸收。"文革"后期，黄英达调到国家科委，在他要提政策局局长的时候，当时的党组来征求原来单位的看法，听取刘达的意见。刘达说，"文革"期间，这个同学闹得很凶，确实反对过我，但是这个同志人品、才干还是不错的。

"文革"初期，因为刘达是党委书记，所以矛头都指向他，认为他是个坏干部，是彭真的人。可是学生们搞着搞着，没几个月就感觉不对了。当时毛主席不是要求教育改革吗，刘达完全是按照毛主席的指示去做的，怎么是坏干部呢？所以刘达情况跟别人不一样，大部分学生、老师都认为他是好的，他不仅介绍华罗庚入党，还对一些遭遇重大挫折的知识分子给予保护。学校的几个院士都是科学院不要的，冯立志应当去下放劳动的，邓力成是反革命，但是刘达看他们有真才实学，就把他们留在科大。就这样，刘达为科技大学吸纳了一大批有真才实学、政治上不被重视的人才。

刘达不仅保护老师还保护一批有才华的学生。科大有一个学生叫江建铭，曾就反修斗争和国内的革命与建设等一系列的理论问题写了一篇6万余字的长文，阐明自己的理论见解，并先后给毛主席写了六封总计 3 万余字的信，这就是文化大革命初期曾一度轰动科大校园的"十万言上书"案。

中共中央办公厅看了"十万言书"后，将江建铭的书函材料退至北京市委大学部，大学部又将材料退到科大党委。有人提议要定江建铭定为"反动学生"，刘达不同意，他认为如果把江建铭定为反动学生，即使不被送去劳动教养也得延缓分配，就把这事压了下来。

江建铭毕业后被分配到中国科学院力学研究所工作。他刚工作三个月时，突然被宣布调回科大"学习"，还没收了工作证，对他进行"隔离审查"。

政工人员要江建铭写检查时，他说自己不知道犯了什么错误，他们告诉他是上"十万言书"有错误。这样一来一往，系里的干部认为他不"认罪"，就把他的事报到党委。刘达亲自找江建铭谈话。

江建铭问："事发 1964 年春，为什么 1965 年秋才定我为'反动学生'？"

刘达说："因为科大有一位老师写信到力学所告你的状，我们不得不接你回校。"

刘达对江建铭敏捷的思维和善辩的能力十分欣赏，决定将他写给毛主席的六封信打印出来，让马列主义教研室的老师们研究如何对他进行批判。刘达说："江建铭是一个大理论家、大文学家，你们敢与他辩论吗？"

也许出于感恩，刘达被打倒时，江建铭写了他人生唯一的一张大字报——真理是在斗争中前进的，认为炮轰党委和刘书记是错误的。大概两小时后，马列主义教研室的老师们便写出很多大字报对江建铭进行批判，炮轰刘达包庇"反动学生"。

为了帮助江建铭，刘达顶住极"左"的压力，没有把他定为"反动学生"送去劳动教养，解放后想尽一切办法帮助江建铭恢复工作。并三次给时任中国科技大学党委书记的杨海波写信，明确表示"当时党委并不认为江建铭是反动学生"。

1978 年 12 月，江建铭无意中从报纸得知刘达就任清华大学校长的消息，感怀他曾任中国科学技术大学党委书记多年，十年动乱期间受到错误的批判。遂调寄"卜算子"，以示祝贺。

卜算子·贺刘达同志就任清华大学校长

依别十三年，长夜安何度？曾是怜君又贺君，襟泪潮如注。

些事抑心涛，举笔同悲怒。若得京州可探春，再拜清华路。

注：十三年：余自 1966 年 5 月 8 日之后，就没单独会见过刘先生，至成词之日，约"十三年"矣。

九、一件怪事

在张腊狗毕业前一周，6 系革委会主任、党总支书记宣雅静找他谈话："校革委会研究你的政治密级要降级，从绝密降到一般。"

张腊狗问："为什么。"

宣雅静说："你是保顽固不化走资派的，你现在要写个打倒顽固不化走资派刘达的声明。"并递给张腊狗一张纸，张腊狗当即表态坚决不打倒刘达，全校就他一个人坚决不打倒刘达。宣雅静说："你不打倒刘达，你原来的分配就取消了。"

张腊狗："我到哪去？"

宣雅静："一个工厂。"

"工资少不少？"

"工资不少。"

"只要工资不少，到哪里都行。"

张腊狗父母是农民，家境贫苦养活不了五个妹妹。张腊狗本来分在成字 128 国防部队，因保刘达降密级被分配到镇江一个工厂。

当天晚上，科大工宣队 6 系队长李俊杰又找张腊狗谈话说：

"你党员不能当了。共产党员分不清共产党的路线，怎么能当党员呢？给你一天时间考虑写一个打倒刘达的声明。"

张腊狗考虑了一个中午，然后去找李俊杰："声明不能写。如果声明不写，党员不能当，那我党员不要了。我是农民的儿子，生下来本来就不是党员，以后重新争取吧。"

李俊杰说："你可能被冤枉了，我建议你声明还要写，你党员不要了，太可惜了！"

晚上 9 点半，6 系干部韩非品来找张腊狗："你的党籍，宣书记给你保存下来了。宣雅静写了这样的材料：刘达同志的问题中央尚未表态，如运动后期被定为顽固不化的走资派。则张腊狗的预备党员的资格取消，现予以转出。"韩非品说："宣书记对我说你是执行者，出了问题我负责任。"于是，张腊狗拿到了党员介绍信。

1969 年 3 月 19 日，张腊狗接到科大"三零一"专案组送来的一封信和一张表。信中说：

最高指示

清理阶级队伍，一是要抓紧，二是要注意政策

镇江煤炭机械修配站革委会：

首先敬祝我们心中最红最红的红太阳毛主席万寿无疆，万寿无疆！

敬祝天才的副统帅林彪同志身体永远健康！永远健康！

为搞清我校死不改悔走资派刘达（原党委书记）问题，尽快做好刘达的定性定案工作，须通过你单位张腊狗同志（原我校 62级学生，毕业后分配至你处）了解一些情况，调查提纲附后，请即转张腊狗同志，并请转告张腊狗尽快写好证明材料。材料写好后，请签注意见并盖公章，即附原件转回。

致以

无产阶级文化大革命的战斗敬礼！

中国科学技术大学革委会

三零一专案组
1969 年 3 月 19 日

在附表中"调查的问题"一栏里写道：

张腊狗同志：

为了快完成刘达的定性定案工作，我们须向你了解一些情况，相信你一定会"站在党的立场，站在党性和党的政策的立场"上，从百忙中抽出时间尽快为我们写好证明材料，为母校文化大革命做出新贡献：

我们想了解的问题：

1. "东方红"成立"革筹"前后，刘达、李侠的活动情况。"革筹"的成立于刘、李有何联系？在"革筹"前，刘达等有无说过"三结合时机已经成熟"之类的话？跟哪些人讲的？可向谁调查？请写证明材料。

2. 听说"革筹"前，有人提出要结合刘达，刘达不同意说提他出来会增加阻碍，只要有一个包含东方红干部的"革筹"就行，只要"革筹"获准，以后自然就好办。你知道这些事吗？你知道是谁提出要结合刘达的？在什么场合，什么范围内提出来的？谁告诉刘

达要提他的？谁传达刘达的那些意见的？在什么范围内传达的？

请详细写一证明材料。

致以

无产阶级文化大革命的战斗敬礼！

科大三零一专案组
1969 年 3 月 19 日

张腊狗看了信和表后对送信的人说："我是坚决不会打倒刘达的，你们的材料我也不会答复！"

中国科技大学自 1969 年 12 月开始迁入安徽，在学校搬迁的时候，刘达也被安排参加搬运。但是他在短短的几年里，失去了母亲、儿子，再加上造反派对他的攻击凌辱和超负荷的劳动，使他身心疲惫不堪，搬不动任何东西了。

这时，工宣队的人走过来问他："刘达，你怎么没出汗？"

刘达说："我的汗，这些年都流完，没汗可出了。"

那个人被噎得一句话也说不出来，气呼呼地走了。这事在科大传开了，师生都很高兴，似乎替大家出了一口气。

刘达随学校搬迁到合肥，被安排到一个几乎看不到人的山上去看管科技大学一个有毒的放射源仓库。

一天，一个人挑着两个篮子走过来，前面的篮子是挂面，后面的篮子是鸡蛋和麻油。

那个人问："你是刘达同志吗？"

刘达问："你是谁？"

那个人回答："我是李葆华（原安徽省省委书记，李大钊之子）的儿子，我爸爸让我给你送鸡蛋和挂面吃。"

刘达非常感动，那个年代，能吃到鸡蛋和面，实在是太不容易了，简直是福从天降。

林彪垮台时，科技大学出现了一件很怪的事情。在一次会上军宣队的政委在传达重要文件说，"林贼"诬陷伟大领袖毛主席，叛国投敌摔死在蒙古的温都尔汗。在会场上一个女教师站起来说："祝林副主席，身体健康，永远健康！"会上赶紧把这个女教师抓起来。

会后这个政委就来请教刘达："出现这样的情况，你是怎么样分析的？"

刘达说："她的朋友亲人有没有因为林彪而上台、升迁的？"

军宣队政委说："查过了，没有。一般的老百姓，跟林彪下台有什么关系啊？她一个老百姓，关心自己的家庭，自己的生活，无需关心什么人上台，什么人下台。"

刘达认为这个政委说了真话，说了最有水平的话，说："我同意你的看法。可以考虑送她到医院去检查一下。"

检查结果这个女教师一切正常。就是碰到林彪问题，她就不能服气。军宣队政委又来找刘达说："安徽医院检查结果没有查出毛病，一切正常。"

刘达说："可能安徽医院的水平有限。"

军宣队政委说："把她送到上海医院检查。"

刘达说："不必了，把她送到南京鼓楼医院检查就可以了。"

南京鼓楼医院曾是美国教会医院。那个女教师听说让她到鼓楼医院去检查身体，非常高兴。检查结果是"偏执性神经病"。这种病是神经细胞不翻转。过去林彪是毛泽东的接班人，我们叫他林副主席，现在知道林彪是要杀毛泽东的，我们就喊"林贼"，这个女教师因得了这种病在她的脑子里已经形成了"林副主席"这个概念，无法再翻转，所以她跟军宣队的政委讲："你说中央有文件打倒林贼，你们都上当了。九大说林彪是副主席，是毛主席的接班人，九大是党章，你说是党章大呢，还是文件大呢？有人要打倒林彪才这样干的，林彪是打不倒的。"

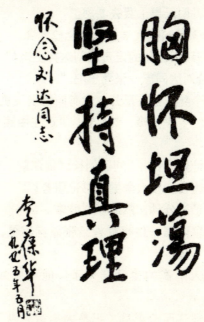

李葆华同志为刘达同志题字

十、你们不应该为我受影响

1972 年初，张腊狗和陆宗伟结婚了。一天，在上海的淮海路上张腊狗遇到科技大学一个老师，问刘达怎么样了，那个老师说刘达仍被专政。于是张腊狗在马路上给刘达写了个条子请那个老师捎给刘达。

刘达很快就给张腊狗写了封信：张腊狗同志，现在林彪集团已经被粉碎了，我仍然被专政，他们不说我有什么问题，也不说我没有什么问题，我认为我的问题应该解决了。

张腊狗就把这封信寄给华罗庚。林彪在台上的时候，把王震调到江西的抚州。林彪垮台了，王震回来没地方住。华罗庚跟王震也是非常好的朋友，华罗庚就把自己的二层楼的一半让给了王震。张腊狗把这封信寄给华罗庚，华罗庚又把这封信转给了王震。王震接到这封信不久就到科大去了，住在合肥的稻香村饭店，派他的秘书到科大把刘达接过来，结果军宣队没有同意，说刘达是顽固不化的走资派，不能见。秘书说："王震要见。"军宣队说："王震也不行！"王震就打了个电话给宋佩璋（当年安徽省革委会主任，曾是王震的部下）："小宋，刘达是原科技大学的好干部，怎么现在还没解放？"宋佩璋说："现在是晚上，我在开会，明天早上我去看您。"

于是，1972 年 3 月科技大学召开了全校大会。

军宣队说："把顽固不化的走资派刘达押上来！"

宋佩璋说："给刘达同志一张凳子吧。"

有人给刘达一个凳子坐在那儿，没有叫他坐飞机。

军宣队的人介绍了宋佩璋，然后说："现在由顽固不化的走资派刘达做检查。"

宋佩璋等刘达检查完说："刘达的检讨很深刻，现在我宣布刘达同志解放了！恢复刘达在科技大学党委书记职务！"

整个会场沉默了三分钟，然后热烈鼓掌。

刘达被解放了！他第一件事就是给张腊狗写信，把获得解放的情况第一批通知他。

刘达几年跟家人隔离的生活结束了！他可以回家看看久别的亲人了！

刘达第一站来到江西弋阳县，那是内弟黄天纵下放的地方。见到黄天纵，刘达说："文化大革命，你们都受了我的牵连，我'解放'后第一件事，就是到所有有亲人的地方，为你们'平反'，你们不应该为我受影响。"

刘达在弋阳县住了半个多月，心情非常愉悦。他经常给黄天纵讲"文革"中的笑话，却不讲他受到的非人待遇。一次，他跟黄天纵出去散步，看到社员用水泥浇筑谷场，看了一会，对他们说："你们拌水泥的方法不对，应该先把沙和水泥拌，拌均匀后再加上石子，加水。"说着就动手干了起来。在回家的路上，刘达对黄天纵说："你就没看出他们拌法不对吗？他们不会，你应该教他们。要你们下来接受再教育，也是要你们把科学技术带下来。"

弋阳县是一个山清水秀的地方，刘达很喜欢这里，他对黄天纵说："这里太好了，山清水秀，红石盖的房子，好看，结实，住着冬暖夏凉，社员也好，诚实，善良。我退休了，就住到这里来，盖上一幢小红石房子，种种菜，看看书，也很不错的。"可是，打倒"四人帮"以后，他到了清华大学，再也没有来过弋阳。

刘达恢复工作以后，没有对反对他的人进行报复，而是想尽办法解救落难的同志。

刘达获得解放后，回了一趟哈尔滨。他惦记着曾经跟他一起工作过的老战友老同志。钟子云还没有解放，刘德本、邹宝骧、滕顺卿、郁晓民在"文革"中都受到严重迫害，有的同志已被迫害致死。

在哈尔滨他约骆承庠见面。见面后两人谈话很简单，但是都很激动。

刘达说："你挨整了吧？"

骆承庠说："听说你沾包了？"

刘达说："那没有啥，没有啥！"

骆承庠受他心胸开阔、无所畏惧的精神感动，顿觉解放了思想说："那我也没啥！"

刘达能看出骆承庠情绪低落，开导他再接再厉，努力工作。回北京后，刘达经常推荐骆承庠到外地去工作，慢慢地帮助骆承庠恢复了信心和活力，使之能顺利地开展科研和培养研究生。

刘达回来的消息在学校传开了。当年毛主席有一句："农业大学建在城里不是见鬼吗？农学院应该都下乡。"所以农学院就搬到农场。大家把刘达安排在农场招待所的一间屋子里，这个屋子一下子就坐满了人，屋里坐不下，有的人就在外面的走廊站着挤着，看不到刘达，就听刘达讲话。

刘达回科技大学后接到魏明的电话，说他在合肥。刘达说我马上到你住的地方去。魏明在 50 年代初调到北京搞教育工作，一直没有跟刘达联系上，直到 1965 年的一个星期日，在北京矿业学院钟子云家，遇到了刘达，两个人才又联系上了。"文革"一开始，两人都被打成走资派，失去了行动自由，又无法见面。今天一见面，两人都特别兴奋，魏明向刘达汇报了"文革"中的情况："北京矿大院长吴子牧和钢铁学院院长高云生两位同志都受迫害已去世。"刘达说："这些都是好同志啊！过去的就让它过去吧！我们党能汲取这个深刻的教训就好了！"

科大搬到安徽后，江其雄先被下放到农场劳动，后开始去辽宁省招收工农兵学员。科大留守处的一个负责人，因身体不好不能工作，科大就让江其雄接替这个人的工作，留在北京处理科大遗留下来的问题。刘达很关心江其雄在留守处的政策落实情况。他听说李侠被捕入狱，马上组织人进行调查，原来李侠"文革"前跟干部处的处长杨秀清聊天时说，江青曾回山东给她老爸扫墓。"文革"开始，杨秀清就揭发李侠攻击江青，于是李侠被打成反革命，送进北京市秦城监狱。

刘达了解情况后让江其雄安排去看望李侠。江其雄就安排留守处的一台旧汽车，拉着刘达去了秦城监狱。到监狱门口，江其雄说要看李侠同志。

看守的人问："你们是他们什么人？"

江其雄主动介绍："我是科技大学留守处的人，想问问她的情况。"

看守的人问："那个人是谁？"

江其雄说："这是我们单位的一个传达。"

江其雄不敢说他是党委书记，说了怕惹出没必要的麻烦。

刘达主动问："李侠同志身体不好，能不能保外就医啊？"

看守的人说："这件事儿我们决定不了，你们自己考虑去。"

回来以后，刘达就主动办这件事儿，亲自给吴德（当时北京市委书记，过去在晋察冀跟刘达一起工作过）和刘华清（任国防科委副主任、海军副参谋长、中国科学院党的核心领导小组成员）写信，让江其雄送去。10 天左右，监狱通知把李侠领走。刘达安排江其雄去接，李侠从监狱出来以后连马路都不敢过，消瘦得不成样子，精神受到严重的打击。江其雄把李侠送到她丈夫那里。那以后，刘达经常向江其雄问起李侠，并让他给予李侠一些帮助。

十一、"回炉"铸才，从头开始

烈士暮年，壮志不改。刘达虽然身心疲惫，却仍然想在科大做一番事业。

1972 年的科技大学依然是在合肥师范学校里暂居。为了能让学校重新走上正轨，刘达跟几个领导商议，写报告给科学院，要求把科技大学迁回北京。因为科学院的办学方针是所系结合，不搬回去就没有研究所、实验室，研究员没地方讲课。当时很多搬到外地的学校，如化工学院、地质学院都搬回了北京。但是上面说困难多，而郭沫若的处境也不好，不好说话，所以有些事就被压下了。

在学校濒临解体的极端困难条件下，刘达带领中国科大全体职工，开始了艰难的第二次创业。

学校重建了数理化基础教研室，师生在十分恶劣的条件下开始了教学科研工作。1975 年，学校在全国范围内挑选了 300 多名 1967 年至 1970 年的毕业生，举办"回炉班"，组织他们回校学习，经过两年以上的培训后补充师资，并从全国各地物色调入 200 名教师，使队伍建设取得重要进展，为后来形成以年轻人才为主体的师资队伍奠定了良好的基础。在此期间将 1972 年至 1976 年招收的工农兵学员，学制改为三年，并狠抓基建，从头开始。

办回炉班是刘达首先提出来，是全国教育界的创举。他把科大在"文革"中没有读完的几届学生，62、63、64、65 届毕业的学生，还有清华北大的没有读完的学生、全国各地非常优秀的学生都招回来，以科大的学生为主，集中学习。并找全校最好的教师，比如钱临照、华罗庚对这些学生强化训练。

刘达在科技大学定了方针，凡是有真才实学的人，不管是右派，还是反革命都可以请回来。

听说学校搞"回炉"，被分配到工厂的张腊狗跟刘祖平都想回学校，报考研究生。

张腊狗给学校写信，很快就收到负责此事的何作涛的回信，他说欢迎张腊狗回来。刘达知道后马上给张腊狗去信说："我是反对你回科大的，因为你是曾经保护我的人。现在科技大学有很多问题，干部问题讨论不下来，我认为像你这样的干部不要回来！"

张腊狗在镇江工厂，陆宗伟在一个农场，这时张腊狗的父亲来信说家里的泥墙土房倒了，张腊狗哭了一夜。刘达知道后很关心说："我支援你三百元钱，但是不能从我这里寄，让我爱人汪琼从河南西华林场寄给你。"

刘祖平和赵婉如从吉林省榆树县回南京老家的时候，特意到合肥看望刘达。刘达住在学校的集体宿舍，宿舍周围的老师多数都在"文革"中反对他。刘达看见刘祖平、赵婉如特别高兴，亲自下厨房，一边烧菜烧汤，一边跟他们说话。晚上，刘达请他们到合肥最好的饭店——长江饭店吃饭。吃饭的时候，刘达谈了他恢复工作以后的主要想法，主要是"回炉生"的问题和怎么消除派性的问题。刘达说："我不能只用保我的那些人，还要用那边的人。"

刘达在科大坚持一个原则，那就是只要党性，不要派性。

刘祖平夫妇回学校看刘达有两个原因，一个是来看看老校长，二是他们的档案被烧毁，问问是不是应该由科大下结论。刘达为这件事特意安排司有和（原科大学生，后任职科大）去了一次刘祖平、赵婉如在东北工作的那个县。刘达还过问一些学校学习好的同学分配得理不理想，并用一个小本子记下来。"文革"以后，讲求专业对口，科大的人事处的杨处长总是说："刘达同志提醒过。"

刘祖平回学校很顺利，赵婉如回学校时，她所在系的党支书以其学习不好为由拒绝她回学校。赵婉如写信给刘达，刘达当即回信说："我定的原则，这样的事儿我一律不帮，包括张腊狗，我不能管，你们直接找系里，系里让你们回来你们就回来。"

在"文革"期间，刘达还有一条罪名是"反对阶级路线、培养修正主义苗子"。

当年教育部宣传北京航空学院"又红又专"优秀学生范兴言，全国大学争先恐后向他学习，但是刘达却在科大印发南京大学学生温元凯的材料。两者有什么不同？范兴言的突出"成绩"是"活学活用毛选"，温元凯的特色是他在大学二年级就学了数门外语，写出具有专业水平的科研论文。而且温元凯曾经被列为全国又红又专的典型。"文革"之中，他被当作"黑苗子"，被分到一个小工厂。

在科大招收"回炉班"学员的时候，温元凯所在的单位有一位同志是科大的同学，通过"回炉"调回科大。于是温元凯就写信给科大人事处，问他这样的情况能不能调回科大。人事处拿这封信找刘达，刘达一听是温元凯，立即派人把他调回来。因为温元凯不属于科大的学生，不能按学校的"回炉"调动，所以刘达就把他直接调入科大。

据说后来考研究生的时候，又有一个又红又专的典型，这个人是清华的，想考清华，清华不要，考科大，科大也是立即就要了。在刘达的带动下，科大人事干部也以把有才能的人调回来为荣。

刘达在文化大革命初期，还有一个罪名是"妄图为反党分子张立秉翻案"。

张立秉在上海工作的时候，对照上海反党集团的批判，对自己猛挂钩、猛检讨，一下子被揪出来了，开除了党籍。后来他调到中国科技大学，档案转给了科学院党委。1960年学校让他写申诉报告，要给他平反。结果1962年毛主席又提出以阶级斗争为纲，把以前的大门关掉了。刘达到科技大学以后，张立秉只是闷头工作，没有找过刘达也没有提出要恢复党籍的要求。"四清"之后，刘达主动地向科大党委提出，像张立秉的党籍问题，应当重新考虑解决。1965年刘达派人到上海去调查。调查回来还没有处理，文化大革命就开始了。刘达解放后立即把张立秉调到基建办当主任。张立秉调到基建办的当天，刘达就让他找科学院迅速筹资，盖宿舍盖实验楼。张立秉当时是反党分子，是敌我矛盾按人民内部矛盾处理的角色，刘达能器重他，觉得刘达对他有知遇之恩，所以工作起来特别卖命。

当时钢材水泥都缺得很，张立秉就到处去跑物资。他顶着炎炎烈日一个人跑到山东省单县，发现那里有钢材，坐火车带队就去了。水泥在北京要到一些，因为打派仗，铁路断了，物资运不回去。张立秉就找科学院，科学院帮他找到一个铁道部的负责人，最后作为专用物资绕道运回合肥。到车站以后，运物资的人把钢材卸到马路上就走了，张立秉和寇连生一根一根地拖到位。然后发动教师去搬。那时候搞基本建设，做采购的都穷得很，像寇连生一个月只有三十几元钱，但在安徽办事讲究一条——给人家递烟。没有钱怎么办呢？学校就想个办法，一个季度给采购员申请补助16元，用来办事时给人家递烟。

在合肥搞建筑的时候，刘达亲自到工地检查，他要求沙子要干净，石子要用水冲洗，以保证建筑质量。

在刘达、张立秉的共同努力下，先后在合肥盖了六幢楼，八个实验室，还盖了一个化学实验楼，总共有两三万平方米。

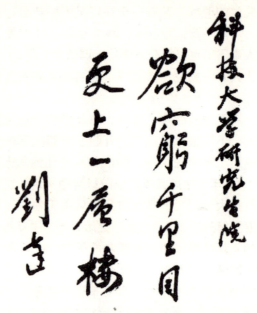

刘达同志为科技大学研究生院题字

十二、刘达调回北京有什么问题吗

科技大学的许多老师总是想回北京，他们一个月或几个礼拜就往北京跑一次。为这件事情，刘达找到王震商量把北京原科大门前 37 路公共汽车拐弯处的 300 亩地买下来建科技大学。

1975 年，"反击右倾翻案风"刮进科技大学，一些人借此在科技大学掀起了第二次革命。批判刘达办"回炉班"是资本主义的复辟，是教育改革的倒退，是对工农兵学员的攻击。这些学生就发起了学生运动，到处贴大字报"这是教育的复辟"、"这是要赶走工农兵学员"、"这是走资派的新动向"。学生们又开始在学校游行，喊口号："打倒刘达，油炸何作涛。"（何作涛是主管"回炉班"的办公室主任）冲击会议室，有的学生直接骚扰刘达的宿舍。当时学校有三大，"大鸣、大放、大字报"，谁都可以说，有什么说什么。于是工农兵大学生就说："难道我们工农兵大学生不能上（上大学）、管（管理大学）、改（改造大学）吗？"

学生们想进一步打倒刘达，很多副校长都是学者，没有几个敢支持刘达的，所以刘达工作很难。他顶着层层压力，冒着再次被打倒的危险，让学校党委分头做学生工作，所以教学没有受到影响，但在北京买地筹建科技大学的事儿不得不放下了。

邓小平被打倒，刘达也再次被打倒，他终于因多次受到严重打击和伤害而病倒，不得不回到他大儿子刘寿康家里养病。

刘达病了回北京休养，走的时候没有声张，只是让秘书帮他把行李托运回北京。

科学院把刘达申请回北京工作的信交给了中央。有一天，李先念组织完一次会议，从会议室里出来，看见秘书拿了一个文件夹等他。

李先念问："有什么事？"

秘书说："中国科学科技大学刘达想调回北京。"

李先念："刘达调回北京有什么问题吗？"

秘书说："有人说他年纪大了不好安排。"

李先生："刘达多少岁？"

秘书说："64岁。"

李先念说："64岁就没有人要了，不好安排，我到哪里去？"

李先念批准了刘达调回北京，任国家标准计量总局局长。

刘达在国家标准计量局工作的时候，领导制定了《中华人民共和国计量监督管理条例》，是粉碎"四人帮"以后我国颁布的第一个法律法规。

一天，刘达约了以前跟他在雁北工作的几位老同志满怀热情地重返雁北大地。在雁北，他们不仅听了地委领导的情况介绍，而且还不顾劳苦地到灵丘、繁峙、浑源等地查看，深入到群众中访问、座谈，饶有兴趣地到发展林业和改造盐碱地较好的地区参观。刘达对雁北经济发展和人民生活有所提高感到欣慰，也对一些不尽人意之处表示了焦虑。他对老区经济发展提出了不少中肯的建议。

当刘达看到繁峙个别群众在应县乞讨，心情很不平静。他对大家说："繁峙原是晋察冀较富庶的地方，现在解放这么多年了还有这种情况，这里是不是有人为的因素？党的农村工作政策落实得怎样？地委、县委的工作如何？有没有浮夸虚报问题？"这一大串问题让在场的人都感慨不已。刘达回雁北，仍然保持着当年艰苦奋斗的传统，不吃请，一律自己掏腰包在各地食堂用餐。

从雁北回来不久，刘达的老警卫员来找他，他所在的地委派他来找刘达，他们的一个产品经过鉴定不合格，刘达就把这件事交给了宋永林（曾任国家计量总局的副局长），宋永林检测后依然不合格。警卫员说："您是局长，您说合格就合格了。"刘达说："在这个问题上我要听专家的意见,你也要听专家的意见,这是尊重科学,不能弄虚作假。"

周总理去世时,刘达参加了遗体告别仪式。他和全国人民一样万分悲痛。他写信给张腊狗说:千真万确,是我一生中最大的悲痛了,我参加了遗体告别和追悼会,几乎是不能自持,遗体告别时我悲痛得几乎什么都没看到,由服务员搀扶我才走出灵堂,除了有组织的悼念之外,群众自发带着黑纱和花圈到人民英雄纪念塔哀悼的达两三万人,送了几万个花圈,没有很多人在组织,但秩序井然,从这些事实可以看出总理的崇高品德感人之深,我们一定要向总理好好学习,化悲痛为力量,把各项工作做好。

清明节这天,北京天安门前烈士纪念碑前人山人海,花圈成千上万,为了防止坏人钻空子,从中破坏,刘达坐在办公室里值班,劝住大家不要到天安门前去。

刘达去上海开全国计量标准局的工作座谈会。在上海,马天水到他住的地方看望他。这时张春桥是上海市革委会主任,马天水是副主任,地位非常显赫。马天水送给刘达一台彩电。因为没有信号,放录像片给刘达看,让刘达提意见。刘达说,我不懂无线电,我提不出什么意见。刘达问马天水在上海工作有什么困难,马天水说中央对上海市要求很严、很高,要求上海提供财政支持中央,但是上海不仅用水用电困难,而且物资缺乏。

刘达本来是要到镇江去看张腊狗(已改名张恒烈),但是接到中央来的电话,让他十月一日以前必须回北京,有要事商量。刘达便给张腊狗写了封信告诉他不能前往。

刘达回到北京后,收到张腊狗让小友捎来的螃蟹,非常高兴,当即抓去"三公一母"蒸而食之,全家大快,举杯共庆,并读古诗一句:"看你横行至几时。"

"文革"前,华罗庚在沈阳推广双法(优选法、统筹法)时得了心肌梗塞,毛远新用直升机从北京接来心脏、专家黄家驷抢救华罗庚,事后华罗庚特别感动,到处夸奖毛远新。

还有一次,华罗庚到王震家去玩,毛远新也到王震家去玩,三人谈得开心,毛远新就回去晚了,毛主席就问:

"你到大胡子那里去待那么晚,不耽误他休息吗?"

毛远新说:"不,在王伯伯家里,碰到了华罗庚。"

毛主席问:"一个大老粗跟一个知识分子能谈得来吗?谈得好吗?"

毛远新说："他们两个人非常融洽，谈得非常好。"

毛主席说："好，王震好，华罗庚好！"

"文革"后，毛远新被揪出来了，华罗庚很紧张。

一天，张腊狗去看望华罗庚，华罗庚就对张腊狗讲："我这下完了，我到处讲我跟毛远新好，现在毛远新被当作'四人帮'亲信的人了。"张腊狗从华罗庚家出来就到了刘达家，刘达说："张腊狗，吃完饭，你就赶到华罗庚家里去，告诉他，今后你还可以继续说毛远新怎么对你好。毛主席说你跟王震怎么好，党和国家不会怀疑你华罗庚参与篡党夺权，你不是那样的人。"张腊狗吃过晚饭就赶到华罗庚家里，华罗庚解除了顾虑说："感谢你张腊狗，感谢刘达。"

刘达同志跟雁北老战友在一起

（右起：赵凡、罗元发、王国权、刘达）

拯救

清华

第七章

一、你要去！教育太重要了

1977 年 4 月 27 日，有人对刘达说："中央要派你去清华大学任党委书记。"刘达让他转告中央："我不去。"

当天晚上刘达就去找王震，王震说："你要去！教育太重要了！"

第二天上午，胡耀邦找刘达谈话。

胡耀邦说："清华大学是受'四人帮'破坏最严重的地方，任务沉重而艰难，中央常委商议过了，对于拯救清华这个重灾区中的重灾区的人选，非你莫属！"

刘达说："鞠躬尽瘁，死在清华！"

1977 年 4 月 29 日上午，刘达一个人来到清华大学，参加北京市委常委徐运北主持的校党委扩大会议，会上徐运北宣布任命刘达为校党委书记、校革委会主任；撤销迟群、谢静宜在清华、北大的党内外一切职务。刘达在会上说，我来清华的目的是要把揭批"四人帮"的斗争进行到底。

当天下午，刘达就与中层以上干部见了面，他说："我年龄大了，'文革'期间在学校里吃尽了苦头，清华是重灾区，我开始是不想来的，但是上面指名要我来，我就去跟王震商量，王震说：'你要去！教育太重要了！'我想作为一名共产党员应该为党、为人民多做点什么，所以就来了，我知道清华的工作很难，所以要扭转清华目前的局面是需要大家一起来努力的。"刘达又讲了自己工作的想法，对清华大学对"四人帮"的揭批查工作没有下结论，下午即要办公室找何东昌（原国家教委副主任、党委书记，曾任清华大学党委副书记、常务副校长）去他家里谈话。

第二天何东昌骑着自行车来到刘达在中央党校旧区的宿舍里（汪琼在中央党校分的宿舍）。何东昌看像刘达这样的干部住那么小的房子，心中增添了几分信任。

刘达问："群众对我的讲话有什么意见？"

何东昌说："已传达了，大家听出来你不肯定前一段的工作，感到有点希望，但还要再看一看。"

刘达坦然地说："对嘛，大家不了解我，应该还要再看一看，这是实事求是的。"他又说："我一个人来清华，没有带什么人，我来以后还是要靠清华的人开展工作。"

刘达向何东昌了解了一些情况，经过思索后，很严肃地对他说："我跟你约法三章，即对毛主席在'文革'中失误和市委前一段对清华的领导工作先不急于涉及，否则一争论起来，就不好工作了。"

何东昌看出刘达进行拨乱反正的决心，受到莫大的鼓舞，点头离开了。

刘达来清华大学的第一天，是4月的最后一个星期天，正是清华传统的校庆纪念日。但刘达看见整个学校冷冷清清，没有举行任何庆祝活动。"文革"中，他在科技大学工作时，亲眼看到十年动乱把那里弄得一团糟，如今清华校园也是如此，心里特别难受。他曾跟蒋南翔（原清华大学党委书记、后曾任国家科委副主任等职）说过，我再也不想到学校工作了，然而国家这样重视自己，信任自己，点名让自己到清华来，自己还怎能再说不字？

刘达每天八点前就来学校，到教职员工群众中去了解情况，中午也不回家休息，而是从家里带饭，利用中午时间到教工宿舍去逐户访问，很快就摸清了群众的思想情绪。

清华大学的很多干部背着"犯了走资派错误"或"执行了修正主义路线"的包袱，教师则戴上了资产阶级知识分子甚至反动学术权威等"臭老九"的帽子，极大地挫伤了他们的政治思想和工作积极性。教室宿舍里的暖气因管理不善，管道在冬天的时候被冻裂，主楼内一些房子水漫流结了冰而引起大家对生活的忧虑。有的教师带着刘达去看清华学堂和实验室，他们告诉他清华学堂的地板原来是菲律宾进口的木材做的，现在已被偷拆一空；实验室的5000多万元的设备，遗失或要报废的估计有三分之一，有的已有麻雀做了窝。刘达看着这种惨状，十分伤心。

经过一段时间深入调查，刘达发现在十年浩劫中，清华大学像何东昌、刘冰（清华大学党委副书记）这样的冤假错案堆积如山，教学科研几乎陷于停顿，加上受"两个凡是"的影响，许多问题得不到正确解决。而且，市委还有"五条"明文规定，何东昌的案不能翻、刘冰的案不能翻，"一·二九批示"不能翻，等等。整个校园满目疮痍、百废待兴。掌握这些情况后，刘达决定首先要解决的问题就是进行拨乱反正、平反冤假错案。

原来工作组进入清华大学时，把蒋南翔定为"黑帮"分子，何东昌、刘冰等人也被打倒。为此，1967年何东昌、刘冰、胡建、艾知生联名写信给周总理和陈伯达、江青、康生，认为清华大学的工作总体上执行了毛主席、党中央的路线；蒋南翔的成绩是主要的，不能说蒋南翔是"黑帮"；清华绝大多数干部是好的和比较好的。信被转到蒯大富等造反派的手里，被批判为清华园的"二月逆流"。

紧接着迟群起草了《全校教育工作会议纪要》，并召开讨论会，会上迟群攻击了《高校60条》，何东昌提出《高校60条》是毛主席肯定过的文件，迟群造谣说毛主席没有看过。纪要否定了建国后清华大学17年的教育工作，作出"两个估计"，即建国后17年中"毛主席的无产阶级教育革命路线基本上没有得到贯彻执行"，"资产阶级专了无产阶级的政"，是"黑线专政"；大多数教师的"世界观基本上是资产阶级的"，是资产阶级的知识分子。这个纪要后来经姚文元、张春桥定稿后得到了中共中央的批转。

后来在何东昌提议下，校革委会作了《关于第二届普通班学员试办预科的请示报告（初稿）》，没想到这一措施被指为"修正主义教育路线的复辟"。迟群等人借此在全校掀起"反击右倾回潮"运动（三个月运动），把持"梁校"写作班子，搞批林批孔，把矛头指向周总理；最后又以批判刘冰等同志的信掀起诬陷邓小平的恶浪，制造一系列政治事件，使清华大学成了"修正主义黑线统治的黑样板"。何东昌被打成"资产阶级复辟势力的代表人物"。

刘达看着何东昌的档案材料，想起自己在科大时所遭受的迫害，不禁拍案而起，心想，这些事件的黑白是非不澄清，不仅清华大学永远都翻不过身来，连全国高校战线上的乌云也无法驱散。

刘达反复思索，认为"两个估计"是错误的，参加教育工作会议的人，80%是军代表、工宣队员，他们根本不了解教育情况，不了解情况就没有发言权，怎么可能做出正确的估计呢？"两个估计"是戴在知识分子头上的紧箍咒，这个问题不解决，知识分子积极性不可能调动。"反击右倾回潮"也是错误的，是迟群、谢静宜推行'四人帮'反革命修正主义路线的一个严重罪行。

二、清华还有点勇气

1977 年 5 月 12 日，蔚蓝的天空飘着白云，微风吹起的柳絮，在清华大学的校园里轻盈地飞扬。主楼前的广场上，全校的师生都聚集在这里，他们等待着刘达的讲话。

不多时，一位身穿便服，个子不高，身体偏胖，梳着寸头，两鬓斑白的老人，大步登上了主席台。整个会场上万双眼睛盯着他，大家都怀疑这个年过花甲的老人能不能把清华大学，这个被迟群、谢静宜等人弄得几乎瘫痪的高等学府扭转过来。

刘达坐下来，试了试话筒，就开始讲话。他没有拿一张讲稿，却有张有弛地讲了清华大学历史，讲了十年动乱给清华大学带来的灾难，讲了他管理清华大学的想法和措施。刘达从政治问题一直讲到冬季供暖的准备，讲的都是大家关心的问题，是大实话，多次获得热烈掌声。

上万人的大会没有一丝喧闹，所有的人都在认真聆听、感悟。从他的讲话中，大家感觉到党的优良传统又回到清华园了，清华有希望了！

刘达在会上指出：我们当前的任务就是按照中央和市委指示精神，对"四人帮"以及同"四人帮"篡党夺权阴谋有关的人和事进行彻底地揭发、批判、清查。为了能让清华在最短的时间内恢复起来，我拟定了三个阶段的奋斗目标：第一阶段，三年内治乱反正，大力整顿恢复和发展被严重破坏了的科研工作；第二阶段，从 1981 年到 1985 年，全校学生的学习质量要达到世界先进水平，研究生力求接近世界先进水平，科技成果一部分赶超世界先进水平；第三阶段，即今后 15 年，清华要为形成具有中国特色的无产阶级教育制度提供经验，科研成果大部分要接近、达到或超越世界先进水平。

最后刘达说："何东昌原来是党委副书记，迟群给他免了。我问市委知不知道这件事，市委负责同志说不清楚，一个副书记被免了，上级不知道，那是违法的，我宣布撤销，何东昌的工作立即恢复！"

大家静默了几分钟后，再次热烈鼓掌。

在这之前，刘达没有告诉何东昌，何东昌没有思想准备，他听到这个决定后非常感动。

刘冰、惠宪钧等人曾经联名写信给中共中央副主席邓小平转呈毛主席，揭发党委书记迟群的问题，信中揭发迟群近几年来"思想和作风上起了严重变化、官做大了个人野心也大了，飞扬跋扈，毫无党的观念，搞一言堂、搞家长制，资产阶级生活作风越来越严重、背离了主席接班人五项条件的要求"。随信附有《关于迟群同志的问题材料》。因无答复，再次写信给邓小平并呈毛泽东，揭发迟群两个月来"表现不好，搞了许多违背党的原则的活动"以及谢静宜"越来越明显地袒护迟群的错误"，并附有《关于迟群同志错误补充情况》。毛主席看了信以后，认为这封信是针对他的，就直接给北京市委写信。于是迟群在全校召开了大会，展开了对刘冰等人的批斗。并请来了北京市长吴德，吴德在会上传达了毛主席的指示："清华大学刘冰等人来信搞迟群和小谢，我看信的动机不纯，想打倒迟群和小谢。他们信中的矛头是对着我的……"揭发批判刘冰等所谓"否定教育革命，翻文化大革命案的反动言行"，把刘冰等人的两封信打成"诬告信"。经毛泽东圈阅，中共中央批转《清华大学关于教育革命大辩论的情况报告》。

在 1976 年 2 月 7 日，《人民日报》、《解放军报》、《红旗》杂志发表了一篇社论，特别提出，"凡是毛主席做出的决策，都要坚决拥护；凡是毛主席的指示，都要始终不渝地遵循"。这就是"两个凡是"，它代表着一个错误的思想路线，是对毛泽东思想的扭曲。它就像两座大山压在大家头上，而刘冰的事，是毛主席画过圈的。

刘达核实情况后，认为迟群所作所为是事实；作为党员把领导干部的错误反映给毛主席是完全合理的。他请示党中央后，立即把刘冰等人的案子翻了过来。

调查中刘达发现，军工宣队进校后，向毛主席报送的《关于坚决贯彻执行对知识分子进行"再教育"和"给出路"的政策》的报告，主要情况根本不真实，在清华校内早就有不同意见。但因是毛主席圈阅同意的，没有人敢提出不同意见。因为提出不同意见，可能被打成反革命。刘达认为这个报告的影响关系到全国，也给否了。

清华大学有个教务处副处长"文革"期间养猫，被定为反革命；有些学生在笔记本上对毛主席指示有不同意见，被劳动改造。刘达请示中央和北京市委后，为在"文革"期间受到打击迫害、立案审查、非法关押的一律平反，恢复名誉。

刘达来清华大学的主要任务是拨乱反正，所以在他为蒙受冤屈的同志平反的同时，还主抓了对"四人帮"的揭批工作。

造反派头头红卫兵蒯大富等人一度在首都高校横行霸道，在"文革"中整死了几个人。刘达在一次党小组会议上说："我想不通，为什么他们那么逍遥自在？应该把他们抓起来！"大家都支持他，刘达就写报告给邓小平，首先向中央提出处理意见。得到小平同志表扬："清华还有点勇气。"不久，北京市公安局宣布，将蒯大富等逮捕（1983 年 3 月，北京市中级人民法院以反革命宣传煽动罪、杀人罪、诬告陷害罪判处蒯大富有期徒刑 17 年，剥夺政治权利 4 年）。

刘达动员全校 1.5 万名师生员工，在主楼前的广场上举行了批斗反革命坏头头蒯大富大会。会上，1968 年进驻清华大学的工宣队代表作了揭发控诉。当刘达听有人讲到有的教师、双肩挑的干部在"文革"中敢于坚持实事求是精神，受到迫害的情景，情不自禁地流下眼泪。

刘达在会上指出：蒯大富、迟群是两个难得的反面教员，他们是同一个后台，同一个思想体系，一脉相承。我们批判和依法惩办蒯大富等几个罪犯，就是要严明社会主义法制，进行一次法制观念和纪律观念教育。

不久，刘达又组织校党委、校革委会在大礼堂为"文革"期间被迫害致死的黄报清、刘承娴、周寿宪举行追悼会。中共中央委员、国防科委负责人朱光亚、国家科委副主任蒋南翔、教育部副部长高沂等送了花圈。一百余人参加了追悼会。刘达在讲话中指出：黄报清同志、刘承娴同志都是好党员、好干部，周寿宪同志是热爱社会主义祖国的科学家，是被林彪、"四人帮"和他们的党羽蒯大富、迟群一伙残酷打击迫害致死的。我们要为这几位同志平冤昭雪。

学习刘达同志对党的
事业无限忠诚、襟怀坦
荡、勇于坚持实事求是
原则的革命精神

何东昌
一九九五年十一月

何东昌同志为刘达同志题字

三、我看这个孩子可以录用

清华要完全摆脱困境还需要进行大规模的调整。由于"文革"期间违背了教育规律办学，清华的规模、布局及学科设置不尽合理，影响了各项工作的正常开展。1978 年，刘达向邓小平做工作汇报时反映了这些问题，并提出要从清华实际出发，对各方面进行调整。小平同志听后着重指出："办学校要按学校工作规律办事。"为此，刘达对清华大学开始进行全面整顿工作。

首先将绵阳分校、水利系三门峡基地、团河农场、西山林场撤销，部分人员撤回本部。

无线电电子学系，"文革"时全部搬迁到四川绵阳，绵阳分校开始被邓小平批给了总参四部，想以这个学校为基础，创建中国人民解放军电子工程学院，以后再搬迁到合肥去。绵阳分校的老师学生们不想去，闹着想回清华。无线电电子学系党委讨论成立一个小组，派党委书记、革委会主任王美旭（原清华大学电子工程系党委副书记、副系主任）等三人为代表，回清华大学请愿。刘达的秘书一层一层挡住不让见，她就问：刘达长什么样？有人告诉她，刘达是一个胖胖的老头，每天早上八点坐一辆黑色的车到门口。

一天，刘达刚从车里出来，就被王美旭拦住问："您是刘达吗？"

刘达说："是。"

王美旭说："我是绵阳分校来的，我找你有事。"

刘达说："好吧，到我办公室吧。"

到了办公室，王美旭把绵阳分校回来的理由简单说了说。刘达太忙还要出去，就与王美旭另约了时间。

于是，王美旭与其他三人和原来在清华的系党委书记集体来见刘达，向他汇报绵阳分校搬回来的理由。不等他们讲完，刘达一拍桌子站起来激动地说："凡是从北京搬出的都说自己应当搬回来……"

没想到王美旭也拍了一下桌子站起来说："刘达同志，我们汇报刚刚开始，你怎么就拍起桌子来了？"

与王美旭一起来的同事拉她的衣服，让她赶紧坐下来。

刘达心想这个女同志敢跟她的上司拍桌子，一定有她的理由，便坐下来说："是我态度不好，我这个人就是脾气急躁，常说错话，所以官越当越小，你们说吧，我今天的时间都给你们了。"

刘达坐下来耐心听他们说，听着听着，觉得他们说得有道理，就记了笔记，最后说："你们写个报告，我去办，邓小平同志已经把你们批给总参四部了……""不过我帮你们办事，你们也得帮我办事。"

王美旭问："办什么？"

刘达说："你口口声声说是蒋南翔校长怎么说的，我不能听你一面之词，你去把蒋南翔校长找来。让他给你作证，我们联手给你办这个事。"

找不到蒋南翔，王美旭就天天在工字厅里转。

一天，刘达从外面回来，看见王美旭就说："告诉你一个好消息，蒋南翔在等你呢，你赶快去！你叫李传信（当时的系党委书记）陪你一块去。"

王美旭说："你让我去叫他，他要是不去呢？你给我写个条吧！"

刘达说："你怎么这个样呢？咱们共产党的领导是面对面的领导，不是写字传条的领导，你去叫他没问题。"

王美旭因为在李传信那里碰过钉子，知道去也没有用。所以才这样说。

后来，刘达让秘书把李传信找来，并给王美旭找了辆女式车行车。

王美旭把蒋南翔找来后，仍然在工字厅门口等消息。

一天，刘达说我直接去找邓小平，你们写份报告吧。

王美旭组织人写了报告，手写的，刘达说："你们都打印啊，拿手写的去见邓小平啊？"

王美旭说："我在绵阳分校找谁都行，在这里谁能听我的啊？"

刘达说："对，对，放我这吧。"

刘达说邓小平已经同意，可是一等再等，杳无音信，大家都很急，刘达更急，不得不再去找邓小平。小平说："我早已在你们的批文上批、照你们的意见办，批文找不到，我可以再批！"

清华大学四川绵阳分校就这样搬迁回校，仍叫无线电电子学系。

刘达在调整学校布局的同时还控制学校规模，适当削减招生人数。

清华师生员工"文革"中到江西鲤鱼洲劳动锻炼，大批同志包括许多教师都感染了血吸虫病。另外，大批青年教师也要求补课。这些促使刘达考虑对清华这个"重灾区中的重灾区"要实行一段休养生息的政策。刘达一边请医生入校给患病的老师干部治病，一边指示何东昌会同教务处及早研究控制招生规模并向上级报告。社会上对大学生招生期望很高，建设也急需人才，在这样的情况下，要对学校发展战略提出这样的意见也是不容易的。刘达下定决心从实际出发，采纳全校一半专业按满额分级招生的意见，在 1978 年春、秋进行两届招生，学校本科生总共只招了 2000 人，以后每年本科招生也大体稳定在这个规模。

在招生过程中，有一个国家领导人的孩子考了三百多分，超过了清华大学的录取分数线。但是负责招生的人，看见这个学生档案里面有他在"文革"期间公安局的资料，他被拘留过，办过学习班。他的父亲被打成反革命还没有平反，附信希望学校不要因为他的问题影响孩子上学。负责招生的人请示刘达，刘达果断地说："文革期间里面的档案很多是逼供性的，我看这个孩子可以录用。"不久这个学生的父亲就解放了，公安局把原来的档案都收了回去。

其次是改善学校教职员工队伍结构。"文革"的严重后果之一是学校教职员工队伍臃肿，总数达到 9600 人，而在校学生仅有 6000 人，教职工与学生人数比例倒挂为 3∶2。根据实际情况，刘达决定集中力量，广开门路，妥善安排，先后调离 1000 多人（到 1984 年底共调出 1757 人），这样不但教职工队伍结构趋于合理，也有利于更好地发挥他们的作用。这时，很多老师拿着课本都不知道怎么讲课了，为提高教学质量，刘达安排因"文革"耽误了大学完整训练的年轻教师"回炉"进修，为学校的恢复和发展积蓄力量。

为了加强学科建设，刘达对清华大学的科系作了适当的调整，增加理科、管理学科和文史学科，先后建立了应用数学系、物理系、经济管理系等，把清华大学逐步从工科大学发展成为以工科为主的多科性大学。同时扩大对外交流、加强与外界的联系。此间，刘达曾率代表团先后访问了美国、荷兰等地，访问了麻省理工学院、加州大学伯克利分校等，与国外一些著名学者进行了接触，并与国外一些著名大学和实验室、研究所建立了联系。经过一系列的调整，学校各项工作逐步走上正轨。

1988 年 12 月刘达同志与战友张明远（中）、李运昌（左）同志
在清华大学刘达办公室

四、只有依靠清华才能办好清华

刘达是一位视野宽广，"管得宽"的人，对拨乱反正，他关心的不限于清华校内。刘达认为彭真、刘仁的案子是个大冤案，这个案要翻，但刘达并不以此为限。一次刘达去市委开会前，递给何东昌一个名单，上面都是原市委的主要干部，属于该发挥作用仍受歧视的人。刘达想把他们调到清华工作。原来跟他一起在雁北工作过的同志都劝他："不要这么干，要吃亏的。"刘达说："这有什么？无非是不要乌纱帽。"后

来像汪家鏐（1975 年任北京市知识青年办公室副主任，1977 年任清华大学堂委副书记等，后任中共第 14 届中央委员）等陆续调到清华，有的被安排到重要的岗位上。

刘达来清华大学之初，由于干部队伍情况一时搞不清楚，曾向市委提出，要抽调一批干部来加强在"四人帮"垮台时进驻学校的工作组，使联络组从三十多人扩大到一百多人。

校党委特意召开全校大会，欢迎工作队进校。中共北京市委从各区、县、局选派了八十多名领导干部进校，与原来的三十多名联络员一起组成工作队，在校党委统一领导下，加强系、部、厂和各方面的领导。刘达在会上说，工作队进校以后，实行校党委一元化领导，工作队的一些负责同志参加党委常会的工作，校党委的几个负责人也是工作队的领导，大多数工作队员组成工作组，作为校党委的派出机构分到各系、部、厂，按照一元化的原则对各系各单位的运行及其他各方面工作实行全面领导。各单位运动领导小组，要在工作组的直接领导和帮助下更好地发挥作用。

刘达是一个热爱生活的人，喜欢种菜，喜欢养鸡。张腊狗特意从南京给他捎来一封信和几只乌鸡。刘达收到乌鸡很高兴，却也很犯愁，北京市已经下了规定，不许在城市养鸡，但是对张腊狗捎来的乌鸡又特别喜欢，想来想去，终于决定把乌鸡留下了，秘密养好，还复信给张腊狗。

几只很好玩的乌鸡收到了，谢谢你，恐怕要特别谢谢陆宗伟同志。很可能是她在喂养这些鸡时付出了很多劳动。但鸡来的很不凑巧，北京在强调清洁卫生，不准吃商品粮的个人养鸡，经过一阵紧张家庭会议之后，决定把原来的七只鸡都处理掉，设法把四只乌鸡藏起来，秘密养好，原来的七只鸡，其中三只公鸡已有一斤半了，"十一"可能达到四五斤，只能杀掉。四只很好的母鸡分别送到哈尔滨和郊外。总之所论如何要把几只乌鸡养好。

在清华工作还是比较忙，市委派来了八十人的工作队，由校党委统一领导，去改造系一级，各部、各厂的党委领导班子，现状工作队刚进到各单位，过一段时间了解了情况就会好些，工作也许可以主动一点。

全国各条战线形势大好，十届三中全会后会更好，但教育路线相对来说比较差一点，群众队教育部有些意见，希望教育部能像科学院那样敢于提出问题解决问题，甚至有人喜欢改组教育部，看来教育战线还有一场大辩论。前途是光明的，而道路是不平坦的，希望小平同志能抓好这方面工作，他抓了，事情就可以大变化了。我们全家都好，小丰还记得烧鳝鱼的那个大爷的。

经过一段时间刘达发现，临时调来的同志对清华的了解不如校内的同志，事实上党委与联络组内部思想也不容易一致。如考虑要调整各级领导班子并启用一些原来的干部，有的同志就不同意，并断言"认为这样下去清华非瘫痪不可"，刘达听取大家的意见。经过深入了解，他知道学校里蕴藏着一支素质很好的教职工队伍，要办好清华，必须依靠清华自身的力量。刘达很尊重蒋南翔，去找他商量，蒋南翔原则上不同意依靠工作组、联络组，他说："高校的问题，历来靠工作组是不成功的。"刘达接受了蒋南翔的意见，把联络组少数干部留下继续解决冤假错案等问题，大多数按志愿回原来单位去了，学校慢慢又恢复起来。

在抽调到清华来的干部中，有一个叫张东明（原林业部外事局局长）的，曾跟刘达一起在东北森林工作总局工作过，是一个能挑重担的干部，刘达直接把他安排到清华大学的重灾区中的重灾区，任机械工程系任党委书记，并对他说，这副担子很重，相信你能承担这一艰巨的任务。

机械工程系是一个大系，它包括冶金、铸造、锻压、焊接、汽车等专业。张东明在刘达直接领导下进行拨乱反正，平反冤假错案。经过一段时间的思想工作，使党团组织恢复了正常活动，系领导班子重新组合并开始运转，教研室、实验室也全面启动起来。全系的教学秩序、师生关系以至教室、宿舍、食堂、环境卫生诸方面的面貌均有了显著变化。各系纷纷来"取经"。在这种形势下，刘达对张东明说："东明同志，咱们在清华工作，虽然取得一些成绩，但这些成绩首先应归功于小平同志对清华工作的指示和支持，归功于清华教职员工的努力，我们只是起到一种辅助和促进作用。""我们要时刻记住，清华是一个具有优良传统和强大凝聚力的集体，只有依靠清华才能办好清华。"后来张东明被调回林业部。很多清华的同志都再三挽留他继续在清华工作，刘达又重复了他经常说的那句话："办好清华，主要靠清华的同志们。让东明同志回林业部工作，也许更能发挥他的作用。"

1980年5月，刘达率领清华大学代表团赴美国访问考察。在美国，台湾清华大学的校长，知道大陆清华大学的校长来美国了，就把台湾故宫保留的一些关于孔子的资料送给了刘达，刘达觉得自己保留这个资料没有用，回国后就把资料送给了匡亚明。匡亚明是全国孔子研究学会的，时任南京大学校长。而匡亚明对资料研究之后，不断在报纸上写文章，把这些资料补充到已有的孔子资料里。国内有些研究孔子的学者对匡亚明搞批判，说匡亚明搞错了。刘达去看望匡亚明，匡亚明说："他们没有掌握这些资料，他们不懂所以就搞批判，让他们去批吧。"

刘达十分重视继承发展清华大学在"文革"前行之有效的办学经验，如重视思想工作，实行学生辅导员制度，坚持教学、科研、生产"三结合"等。同时根据改革开放以后的新情况，积极倡导加强国际合作，先后率团出访欧美一些高等学校，为学校与国外大学联系打下了基础。为了使学校在社会主义建设中发挥积极作用，特别是充分发挥学校集中了大批学术造诣较高的专家、教授这一有利条件，刘达还多次提出，学校的教授们不仅要在本门学科的科研方面做出成就，而且应该积极参与国家各行各业的技术经济决策的制定，对于国家制定和实施经济和社会发展的重要政策，发挥学校教师应有的作用。

刘达在清华大学的工作上，采取了民主态度。谢沛基当选为清华大学的副校长后，在一次校党委会上，在某些人事问题上与刘达有不同意见。会后，谢沛基找刘达谈话，坚持自己的观点，刘达没有表态，而是在一个工作会上，邀请很多系党委书记参加，专门讨论谢沛基的意见。结果通过民主讨论，谢沛基的意见没有通过，谢沛基从此更加敬佩尊重刘达了。

五、我觉得你有些想法不对

张腊狗到北京看望刘达，刘达很乐意和他的"忘年交"聊聊天下事。两个人关起房门谈开了。

张腊狗说："马天水原来是你老部下，听说在雁北的时候，是你把他提拔起来的，现在他成了"四人帮"一起参加政变的人了。"

刘达说："马天水原来还是一个好干部，如果在北京工作，他不会犯错误，'四人帮'也不会要他。"

晚上，刘达出去了，让张腊狗等他，午夜十二点才回来，回来以后什么也没有说，第二天早上两人出去散步。

张腊狗问："昨天你干什么去了？"

刘达说："昨晚胡耀邦同志在怀仁堂请我们去看京戏——十五贯。"

张腊狗说："十五贯是旧戏，原来江青不是只让演样板戏吗?"

刘达说："看完以后，我颇有想法，对耀邦同志说：'我们的京戏要恢复。'耀邦同志说：'好的文化艺术都要恢复，还要发展旅游业。'"

张腊狗问："旅游业不是资产阶级的东西吗?"

刘达说："这旅游业跟资产阶级、无产阶级有什么关系? 都是人民需要的东西。"

张腊狗回南京不久，刘达就给他写了封信说，如果当年因我的事情受到牵连，现在都不存在了，你可以回到你的专业上去了。不久，刘达就推荐张腊狗调到了江苏省计量局。

刘达告诫张腊狗："你要是当了领导干部，对你的上级一定要说真话，绝对不说假话，说假话可能暂时得到提拔，但是你永远对不起历史，对不起人民!" "任何东西成了潮流都要思考一下，不要跟着潮流跑。"

刘达走到哪里都是单枪匹马，到清华大学也是如此。后来因工作需要，北京市组织部调原来科大的党支部副书记罗林到清华大学做组织部做副部长。

刘达到清华工作后的第二年，写信给何作涛，让他到北京来工作。第三年北京市委任命何作涛为清华分校校长。但是，清华分校不归清华大学管，清华分校的组织、经费都跟清华大学没有关系，都归北京市管。何作涛却总是来找刘达说："你的教师得给我，实验室得给我用。教务处长得给我派，还得把罗林调到清华分校。"

刘达全力支持了何作涛。后来，何作涛在工作中遇到了问题。清华大学有个干部到清华分校来了个"五不许"，不许招生、不许调进干部、不许调老师、不许作教育计划、不许定教材。否则不允许挂清华大学分校的牌子。这"五不许"让何作涛无法开展工作，后来，有人提醒他说，你去找刘达啊! 于是何作涛就到刘达的家里找刘达，刘达打电话给清华大学，帮他解决了问题。那年，清华分校校庆的时候特意邀请刘达参加。

1979 年的夏天，刘达得了脑血栓。身体恢复以后，继续工作，只是走到哪里都要拄着一支拐棍。

清华学堂由于 1976 年地震遭到严重破坏，无人负责管理，很多材料被人任意损毁取用；朱自清、吴晗在西院的故居也受到破坏。特别是清华园，是 1707 年修建的，是圆明园周围唯一完整保存下来的建筑，距今已经有三百年的历史了，清华大学的名字即源于此。"文革"

期间武斗的时候，很多墙都打了洞。对这些建筑有两种主张，一种主张拆除清华学堂，一种主张不拆。刘达亲自到现场仔细察看，他认为这是清华历史上最早的一幢教学楼，是一种象征，它以不同的角度体现了清华的风貌。清华学堂便是历史的见证，它蕴含着清华的过去，也蕴含着清华的历史传统，清华能从中汲取奋进的力量，有重要的文物价值，应该保持原貌的基础上修缮，绝不能拆除。这样刘达为学校保存下来了一座有历史意义的建筑物。以后在他的支持下，工字厅也重新进行了修葺。

刘达十分关心校园建设，一边拨乱反正一边狠抓基建，盖了很多宿舍，约有七八万平方米，宿舍盖好以后他都亲自去看，问住得怎么样。然而刘达在党委会上公开说："清华大学的住房有困难，我是不会在清华大学要一套房子的。"

刘达在清华大学不仅抓"大事"，"小事"也亲自来抓。

在清华上学的学生，家里有钱的特别多，家长做官的也特别多，不少家长用小汽车接送孩子。刘达看不惯，认为这样会给孩子带来特殊优越感。于是他亲自带领干部，到校门口去拦车，后来就把这种现象给制止了。

一次，有个外国留学生在学校把中国学生打伤了，刘达把这个外国学生开除了。后来，中央领导考虑两国的关系，给刘达写信说情，刘达认为这个外国学生品德败坏，不宜再留在学校，依然坚持自己的观点，坚决开除了这个留学生。

1981 年的一天，刘达收到张腊狗还书时的信，觉得他的思想有些不对头，赶紧给他写信，做他的思想工作。

近日来信收到，同时也看到你还书时来的那封信，对你近来的思想情况有了了解，我觉得你有些想法不对。例如：省党代表问题，就不应该那样想，为什么必定是你，而不是别人呢？我入党是在党六大以后，当中经过六次党代会，只有十二大我才当选为党代表，四十多年这是唯一的一次，我对此从来没认为党不重视我这个党员的想法，就是在十二大，有同志告诉我，中央拟要我进顾问委员会，而且是常委，在预选中我得了相当多的票（参加检票的同志告诉我的），但是我后来未被选入顾问委员会，我毫无意见，作为一个一般党员，我们同样关心党和国家的大事情，不管对我是否有关。

这次来信中提到的在党内不认识任何负责同志，意思是就不被重用，这种想法也不对，党员来自五湖四海，原来都互不认识，只有在工作和战斗中大家才互相认识起来，增进了互相了解，要想被党了解，只有努力工作，党是大公无私的，尤其是现在的党中央，总的说来不会使一个好党员无法发挥他的作用。我是充分相信这一点的，当然这并非说对任何一位好同志都不会发现的不及时，因为我们党还正在整顿之中，还存在有这样那样缺欠之处，有待党员努力克服。

我建议你能好好读一下 9 月 10 日《人民日报》上的文章《胡杨泪》，这篇文章描述了一位经长期受委屈的好同志，一方面说明一位好同志也可能受委屈，一方面说明这位同志在受委屈时的坚强意志，我读后颇受感动，所以我建议你好好读读。

科大的事我会写一封信，适当说一说，这请你放心，整党结束以后多到基层跑跑十分重要，要以一个普通工作人员身份下去看看，工作一番，颇有好处。宣雅静是个好同志，如果可能多和她谈谈，对你提高有帮助。

六、毅然主动退居二线

刘达决定把被迫停止活动十余年的工会组织尽快恢复起来，并在校党委会上指出恢复工会组织及其活动，是学校进行思想整顿、组织整顿的一个重要组成部分，是拨乱反正的一项重要内容，是落实党的知识分子政策的重要措施，是教职工政治生活中的一件大事。于是，立即抽调干部抓紧进行筹备工作，于 1979 年 4 月恢复了工会活动。

在学校第十一届工代会上，刘达发表了重要讲话："大会的收获有三点：一是代表对学校工作情况、存在的问题和困难有了较全面的了解，便于代表们对学校工作的监督，有利于大家一起克服困难做好工作；而是大家明确了学校的中心任务，就是培养社会主义现代化建设人才。学校的一切工作都要围绕这个中心任务来进行，教师是这样，干部、工人也要这样；三是代表们畅所欲言，对学校工作提出许多宝贵意见和建议。"

原附中二部是临时性的，条件差，附近的中学又难以满足要求。所以很多有孩子要上初中的家长非常着急，其他教职工也担心将来自己孩子的去路。为了能让广大教职工能安心工作，刘达从实际出发，多次主持党委会议，讨论教职工子女上中学的问题，最后决定"除办好附中这个重点中学外，长期办好附中二部，并立即为附中二部配备干部，抽调教师、拨经费。特别是立即向教育部申请为附中二部筹建2000平方米的校舍楼，还决定将五宿舍腾出修理后交附中二部使用，并充实配齐课桌椅。"

工会提出62条意见和建议，刘达仔细逐条看过后，划了许多红笔道，并做了多处批示："我仔细看了一遍，绝大多数意见是好的，也可以解决的，主要看我们敢不敢抓。如果大家都敢抓，再加上思想政治教育，事情多数不难解决。请李思问（当时学校总务长）同志与工会共同开会，作出具体解决计划，逐步实施，不能空谈，有问题应建立具体制度，坚决执行。没有规章制度是不好办事的，就像国家没有法律一样不行。"

1980年8月30日，刘达当选为第五届全国人大代表。

1982年9月1日，刘达当选为中共十二大代表，出席中共第十二次全国代表大会。

清华大学一个教师叫吴真菲，研究数据转换。他开发了一个软件，把文字转换到磁带上，吴真菲想把这个软件给一家日本公司。因为这时大学是不是要搞产业还是一个问题。刘达知道后，坚持把这个公司办起来了，也就是清华大学办的第一个公司——清华大学技术服务公司。

清华大学技术服务公司与美国太平洋数据服务公司合作建立"数字转化中心"，在主楼接待厅举行正式投产开幕式。晚上，刘达设宴招待以美国特拉梅尔克罗公司董事长特拉梅尔克罗为首的美方代表团，美国驻华大使恒安石和夫人应邀出席。

之后，清华大学又办了一个培训班，叫经济管理干部培训班。刘达以这个班为基础，建立了经管学院。经管学院建成后，刘达问经管系的系主任董新保："请谁来当这个院的院长呢？"

董新保说："要办成世界一流的管理学院，就一定要请有才能有身份又有名气的人来做院长。"

刘院长说："这个人是谁？"

董新保说："有一个很好的人可以做院长，就是国家经济委员会的副主任，朱镕基。"

刘达当即说："好，就请他。你出面去请吧。"

董新保说："这不合适，我是他的小兄弟（董新保是朱镕基电机系的同学，比朱低两届）。请他当院长，应该由校领导出面。"

刘达就派朱镕基的同班同学李传信（当时清华大学党委副书记）和吕森（清华大学秘书长）去请他。朱镕基没有推辞，立刻就答应了。

1982年以后，清华大学基本完成调整、整顿工作，开始进入"着重提高，在提高中发展"的新阶段，主要任务是深入开展教学、科研和各项改革工作。刘达考虑自己年事已高，力不从心，为了更有利于清华的发展，他毅然主动提出退居二线，先辞去党委书记职务，一年后又辞去了校长职务，担任名誉校长。

刘达虽然不再担任清华大学的校长、党委书记，但是办公室一直给他留着，他随时随地可以来清华办公。为了照顾刘达，党办派孙英旺（党办的笔杆子）临时给刘达当秘书，孙英旺是一个很潇洒的人，不注意小节。一次有刘达来信，他就把信扯开了，刘达看了很不高兴，第二天从家里带来一把剪刀放在桌子上，意思是告诉孙英旺，信是用剪子剪的，不是用手扯开的。

把清华大学交回清华人的手中，刘达的心放了下来。这么多年来，自己一直忙于工作，一家人很少有相聚的机会。这年春节，刘达把在辽宁工作的二儿子一家四口都叫到北京过年，这样全家就有18口人吃饭，创了历史记录。可惜美中不足的是，汪琼因去昆明看望患病的妹妹，未能参加，刘达看着家里连地板上都住满了人，打心眼里高兴。

夏天，被他戏称为半个儿子的张永谦应《北京晚报》之约写一篇刘达的专访。内容主要是呼吁国家要重视教育，以"百年树人"为题。文中张永谦称他为教育家，他不同意这个称呼。

张永谦说："蔡元培只做了几年北大校长，人们都称他为教育家，你当大学校长、书记几十年了，还不能叫教育家?！"

刘达说："当教育家要有自己的教育思想。我有，但不系统，不完善。我自己不教书，我非常尊重专家和教授。到科大上任之初，我花了三个月的时间拜访在科大任教的教授和科学家，形成了我对办好科大的一些想法。主要是加强基础课，提高学生分析问题、解决问题的能力，特别是加强学生实验技能训练，提高学生的'动手能力'。科大当时政治运动太多，我到任不久就去搞'四清'，'四清'的队伍还没撤回来，'文化大革命'又开始了，没有时间去实现这些想法。大学里领导核心很重要，要真正实行民主也没这么容易，从上到下有许多糊涂观念。比如，我做书记，有同志说在党委会上书记一个人算三票，副书记算两票。党内哪些有这种规矩?！可说服这些同志也不容易，因为那时党内民主生活不正常，有许多地方和部门还不是一人说了算！

我说我只算一票，大家刚适应，'文化大革命'一冲，党委垮了，谁的票也没有用了。粉碎'四人帮'以后我到清华大学，主要是坚定不移地'拨乱反正'，为一大批蒙受不白之冤的干部和知识分子平反，有些办学的想法还没有条理化、系统化（主要是想办成文理并重的大学，摆脱旧模式的束缚）。所以，应该说我懂得学校的工作，解放后对党的教育事业有一点贡献，但还不能算是教育家。"

1980 年刘达率团访美时亲切会见华盛顿清华同学会成员

"文革"后，有一位曾经强烈主张打倒刘达的人，在某单位受审查，有人揭发他打过刘达。这个单位就组织人来找刘达调查，刘达反复回忆，总记不清这个人是不是打过他。

他对张永谦说："这个人在'文革'中是表现不好，对人很蛮横，但不记得他是不是打过我。批斗会上打人时都是七手八脚的，我哪能看得清楚?! 我只能告诉他们，我不知道他是不是打过我。我这么说，也就把他解脱了。"他又说："对一个年轻人来说，在'文革'中表现过激不能完全怪他们，不过，打人的人在那个特定环境中暴露出了他身上的流氓恶习，这种人是不能轻易放过的。当然，还是要教育。所以，对这个人，我说记不得是比较客观的。第一，我是真的记不得；第二，我不能用推论的办法说，可能有这回事；第三，我还是想把他解脱出来，听说他业务水平还不错，在那里工作表现还好。"

七、老骥伏枥，志在教育

1983 年 6 月刘达当选为第六届全国人民代表大会常务委员会委员及科教文卫委员会委员。党办指派双肩挑的教授康春华（国务院新闻办公室副秘书长，曾任清华大学党委办公室副主任）给刘达当秘书。

刘达喜欢看报，一到办公室，就让康春华把《清华大学简报》、《人民日报》、《经济日报》、《参考消息》找来看。他看报时，戴着一副眼镜，眼镜的镜片能翻起来。一天，刘达坐在办公室里看报，发现坐在他对面的康春华在思考问题。便把眼镜片翻起来向康春华提出一些关于经济方面的问题，但康春华是学导航的，是双肩挑的教授，带研究生。他一心关注科学的发展，正在准备论文答辩，没有这方面的概念，回答不上来。刘达说社会主义发展阶段一定要注意国家的经济发展状况。

刘达对康春华说，我要搞初等教育的教育，我曾对中国的教育作了深刻的思考，教育是立国之本，要搞好教育就要研究中国教育的国情，并从中国的基础教育和师范教育入手作全面考察。

刘达从东北乌苏里江畔的抚远县走到福建南海的厦门，到四川、湖北、安徽、浙江走了十几个省上百个城镇的各类学校，一个县一个小学去调研，每到一处都亲自听课，看作业，听汇报，还亲自到学生的家里去探访，有的学生家房屋矮小，家里穷得什么都没有，他也进去看。走访完学生家走访教师家，教师家的条件也很差。其中有一个县的学校，校舍很差，老师很认真，水平却不高，康春华每天陪他考察回来后，都整理材料写报告。

刘达每到一处都特别关注教学安排、教学质量、教学设备、教师生活、教师宿舍等，并针对怎么推动中国教学发展、怎么更好地提高教学质量、如何提高教学率、减小失学率的问题进行细致调研。他发现越偏远的地区教学设备越差、师资越少。这些都让刘达感觉到抓好基础教育势在必行。

刘达每次回来都会亲自整理康春华的报告，在方针政策上和主要问题上提出关注基础教育的一些意见。等到人大常委讨论的时候，再提出具体意见。

刘达到南方视察三天，在张腊狗家待了一天，还让张腊狗把他父亲请来一起聊天。

刘达问："你有几个小孩啊？"

张腊狗的父亲说："六个。"

刘达说："那个年代养六头猪都难养活，何况六个小孩啊！"

刘达又问了一些关于农村的情况，张腊狗的父亲说现在的情况比过去好多了，刘达听后非常高兴。晚上九点多刘达从张腊狗家出来，下楼时发现楼道里没有灯，刘达就对张腊狗说："你现在当干部了，有这个能力和权利，应该让楼梯里有灯，否则老人和小孩上下楼时，万一摔倒了，损失多大啊！"从此以后，张腊狗的家门前总有一盏门灯。

刘达不仅对教育事业这样执著，对待任何一件党交给他的工作，都全心全意地投入，严肃认真地做到底。

刘达受中纪委的委托带着康春华和几位中纪委的同志，到南方某省去完成一项大案要案的查处工作。中央考虑到他的身体情况，指示他半日工作。但是刘达一到驻地就立即投入工作，找省委书记谈情况，参加常委工作会议听取汇报，带领工作小组分赴各地调查研究，了解情况，掌握第一手材料，全面分析案情，亲自做知情人工作，找当事人谈话，交代党的政策。他虽然是重要特派员，但工作中他十分依靠省委，同书记经常沟通情况、交换意见，并及时向中央汇报请示，有时深夜还同北京通话。在工作中他既注意掌握政策，又敢于坚持原则。对案件涉及到的人，不论职位多高、后台多硬，他都力排各种干扰，坚持实事求是，以法律为准绳，不姑息、不迁就，该从严的从不手软。他的作风受到各方面的尊重，给省委同志留下深刻印象。经过一个多月深入调查和艰苦工作，对案件得出结论并提出明确的处理意见，向中纪委常委会作了汇报，受到中纪委领导的肯定和好评。

刘达在工作中非常严谨。有一次，他与著名画家黄胄同住一个宾馆，经常在一起吃饭、聊天。黄胄要去武夷山采风，邀请刘达一起去，刘达说我还有事不能去玩。为了放松心情，他只带大家在福建附近的山上转了转。

康春华要调到国家科委工作，临行之前，刘达来到学校的组织部，把拐杖往椅子旁边一放说："别人走可以，小康不能走。"后来滕藤（曾任清华大学化工系副主任、教授、副校长，国家科委副主任，中共中央宣传部副部长，中国科学院副院长，中国科学院研究生院院长，国家教委副主任）来找刘达要康春华做他的秘书，刘达才放他说："去吧，科学院又有科学又有技术。"结果康春华到了那里才发现，那里既没科学又没技术，没几天就去党委当秘书了。科技大学动乱，中央临时调滕藤、彭飞云去科技大学改组学校的领导班子。滕藤要带康春华一起去科技大学，而在此时，中央宣传部也要康春华，于是康春华就到刘达家里听取意见。刘达说："你先别跟滕藤去科技大学，他在科学院待不长，你回宣传部去。"

刘达向清华大学提出，为了使中央负责同志了解近几年清华大学的情况并得到指示，他想写一个报告报送中央负责同志。清华大学花了一段时间，根据他的思路，写了一份约四千字的《清华大学近几年的工作简况》并请何东昌修改、上送。报告中列举了六件大事。在报告中同时提出希望上级和有关部门在基本建设和经费方面给以支持。

报告呈送给邓小平、胡耀邦等同志。胡耀邦同志作了肯定的批示，并建议印发给全国党政军高级干部阅。刘达了解到情况后给李传信写了张便条：……我看了之后，除了高兴之外，还感到有一点压力。我们还有不少不足之处应该下决心改进，才不辜负中央领导同志的希望，我建议开一次常委会，讨论一下耀邦批示并结合我们南方之行看到值得我们学习的优点和经验……

1984 年 12 月刘达同志在南京与张腊狗同志合影

作为全国人大科教文卫委员会会员，刘达深感责任重大，认为这是他有生之年为教育事业做贡献的最后机会。他从我国国情出发，着眼于中小学教育，通过两年的调查，发现很多省市对中小学教育不重视，问题成堆，教师流失，学生辍学，经费严重短缺，甚至有的地方半年发不出老师的工资……

为改变基础教育的办学条件，刘达不顾自己年老体衰，拄着拐杖，拖着不太灵便的身体奔走疾呼。

八、盖啤酒厂与培养后代哪个重要

康春华调走后，因工作需要，党办又指派孙忠智（清华大学核研究院副研究员）给他当秘书。

刘达偕同夫人汪琼带考察团到了贵州。时任贵州省委书记的胡锦涛听说刘达夫妇到了贵州，亲自到他们的住处拜见。

刘达先到了黔洲，这里有一所清华学校，是抗日战争时清华大学在那里办的一所中学，这里的条件还不错，刘达在这里只是作了一般的视察，重点关心乡镇中小学对九年义务教育的落实。

在雷山，教育局的房子是一所又破又旧的小竹楼，刘达在教育局附近看了看，一所税务的楼很像样地矗立在那里，一看这个地方在教育方面不舍得投钱，刘达很感慨地说："教育的钱怎么这样少呢？这样怎么能把九年义务教育落实下去呢？"

雷山县一个乡镇中学在一个小山包上，学生住大通铺，一个初中毕业生当英语老师教高中的英语。刘达说："这不是开玩笑吗？这学校条件差一点也没什么，没有老师这不是误人子弟吗？"回来以后，刘达立即组织常委会向上级打报告，落实贵州省雷山县义务教育。

1985 年刘达和汪琼又回了一次东北。报社记者李激扬听说老市长回到哈尔滨，并有一份稿子要给《哈尔滨日报》发表，特意来到刘达的住处采访。

刘达听了李激扬此行的目的后，让秘书孙忠智递给他一张名片。上面标明职务有：全国人大常委会委员、全国人大教科文卫委委员、清华大学名誉校长。刘达等李激扬看完名片后对他说："虽然有这么多职务，此行国家没有给我什么职务。我连续来三年了，前两年任务重，是调查中小学和师范教育，这次只是在哈尔滨或者周围一些地方看看，写点回忆文章。"

孙忠智插话说："刘校长对哈尔滨特别有感情，来后看了省家畜繁育指导站、松花江畔和道里农贸市场。"

李激扬问："老市长对哈尔滨的印象如何？"

刘达很兴奋地说："很好。哈尔滨的建设发展相当快，与过去大不相同了。房子盖得多，市容也不错，印象很好！前天，我们去看了家畜繁育指导站，成绩突出，说明了市里有眼光，有魄力。50 年代，我曾在报纸上写过文章，那时，我领导并主持建设了香坊试验农场，奶牛养了 400 头，种鸡 10000 只，母猪 700 头，还有几十匹种马……现在这个指导站比那个农场好得多。黑龙江有大片草原、牧场、畜牧业应该有较大的发展啊！"

"老市长连续三年回来调查，对哈尔滨有什么意见？"李激扬恳请刘达讲讲他个人看法。

刘达说："有，哈尔滨房子盖得多，学校盖得少。兆麟小学是一流的，供外国人参观，可惜不是我们自己建设的！我们要自己建设重点校，哪怕只有一所也好，没有钱，可以少盖几个工厂。教育是基础，人才是关键，比较起来，盖啤酒厂与培养后代哪个重要？"刘达直言不讳，接着语重心长地说："哈尔滨人民是有光荣传统的，希望大家搞好社会秩序，加强劳动积极性，不要光看钱，要努力干。国家搞不好，谁也搞不好；国家富不了，谁也富不了，必须把国家利益放在第一位。"

刘达刚从东北回来，又接到中央布置的新任务，让他率考察团去湖南检查贯彻实施《义务教育法》的准备情况。

刘达来到湖南长沙，感觉精力不够了，忙找出西洋参吃。孙忠智问他为什么要吃西洋参，他说提提神。然后就到教育委员会听汇报。在会议室听汇报的时候，他就老打瞌睡。

开完会，孙忠智问："您怎么样？"

刘达说："没事的，我自己带药了。"说完从包里拿出几个药瓶，把各种药放在手心里，一口就吃下去了。

孙忠智问他："你怎么这样吃？能吃下去了吗？"

刘达说："医生让我吃，就一口都吃了。"

次日刘达带着考察团到了衡阳。在衡阳摔了一跤，脑血栓病复发。衡阳政府赶紧请了盲人按摩师给他治疗，并请了老中医为他看病。刘达犯病以后反应不那么灵活了，但还是坚持工作，不停地询问、记录、调查。

每当刘达外出一段时间后，都要到学校内转一转，看看发生了什么变化。他回校内办公室做的第一件事就是看《清华大学简报》、《清华动态》和《新清华》，请校长、书记来汇报学校的情况。他非常关心清华的规划和发展，几次抽时间听取有关清华征地、基建规划和进展等方面的汇报，并指示基建的方针是：应对国家拨给的基建费用"拿出规划，重点使用，不要到处开花"。还提出具体意见："基建排排队，学生宿舍应放第一位，其次是教室，再其次是教职工宿舍。"后来的清华大学在刘达的指示下落实了，学生宿舍，留学生宿舍相继建立起来了，还建立了3、4、5号教室楼、经济管理学院楼、新图书馆等。这些基建项目的完成决定性地改善了师生员工的生活、工作和学习条件，为清华今后的发展打下坚实的物质基础。

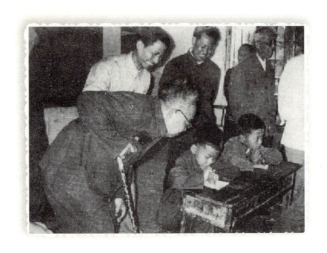

刘达在湖南衡山县视察小学教育

九、这次我死不了，北戴河能去

刘达的心与学生的心息息相通。他办高等教育几十年，最了解学生的疾苦，总想着为学生办点事。他在职时主持建成清华面包厂。一天，学校膳食处的同志向他反映，学生吃豆腐遇到了困难，买不到平价大豆，希望他能从东北帮助联系进一些平价大豆，以解燃眉之急。刘达听后表示一定想办法解决。1986年4月，刘达带夫人汪琼回老家哈尔滨参加"哈尔滨解放40周年庆祝活动"时，遇到黑龙江省省长侯捷，谈及清华买大豆的困难，当面解决了问题。

在参加东北农学院40周年校庆时，李剑白（黑龙江省第七届人大常委会主任，曾任哈尔滨市委书记）让刘达住在花园村宾馆，刘达不去，他说我在农学院、林学院住感觉像到家一样。刘达有个习惯，每次回来都让林学院的院长安排有关的处长、科长带着他走一圈，他发现哪里有问题，直接指出来，限期解决。刘达看着农学院、林学院从无到有，都是自己一手操办起来，感觉特别温馨。晚上刘达在农学院校园里散步，一位老工人走过来，恭恭敬敬地给他鞠了一躬，问："老院长您还记得我吗？当年咱们农学院的下水道不通，是您带着我们钻下水道，一个环节、一个环节检查，最后终于把下水道修好了！"刘达说："记得，记得，我还和你们一起修了呢！"

1986年5月，刘达在哈尔滨市党史工作人员的陪同下，重访中共哈尔滨市委钟子云、刘达、李兆麟、唐景阳等同志办公和居住的旧址（1945—1946 现红军街1号北方大厦幼儿园）

1986 年 5 月，刘达重访民族英雄李兆麟将军被害地
（1946 年 3 月 9 日，原水道街 9 号、现兆麟街 90 号）

　　刘达住在哪儿都有人围着他，干部、教师、工人都来找他聊天。他的秘书刁俊山感觉很纳闷，就做了一个侧面调查。有人告诉他："刘达这个人非常务实，在我们学校当校长、党委书记的时候，经常到下面基层去，到车间、调研组了解第一手资料。中层干部跟他反映情况，对和不对，他都心里有底，所以干部、教师们工作没有不认真的。"

　　刘达时时关注中小学和师范教育，每次开人大会的时候，代表们做提案，他都提出教师的待遇问题。刘达上次在哈尔滨三中视察时，曾到过学生宿舍和教师的宿舍，发现宿舍条件非常差，就让学校给予关注。这次他一回到哈尔滨就问，上次那位老师的住房问题解决了没有？有人告诉他已经解决了，搬到新房子里了。刘达说，好，我们去看看。那个楼很高，有很多人担心刘达的身体，不让他上去，但是他还是坚持上去看，问问现在的情况才放心。

　　刘达关心教育也关注老百姓的生活。在人大开会的时候，为了保证代表们准时开会和安全，在公路上临时设有"拦治交通"。刘达坐在车上往外看，看见栏杆阻止了很多行人，其中有骑着自行车的妇女，刘达便说："咱们这些同志也不用做饭，也不用接孩子，被拦住的那些妇女着急回家做饭，着急接孩子，我们这个临时性的拦治交通，应该把时间缩得越短越好，这样小孩才能早点看到妈妈，他们的时间才应该先保证。"这让坐在他身边的人都非常感动，多了几分敬佩。

清华大学传达室有一个工人，他亲侄女从广西柳州被人贩子拐卖到山东梁山，下落不明。这个工人来找刁俊山，问："您能不能请刘达帮个忙，解救一下我的亲侄女？"刁俊山说："等一会儿刘校长来了，我跟他说一说。"不一会刘达就来了，刁俊山就去找刘达说明情况，刘达很激动地说："这事儿我一定要管！这人贩子干的是伤天害理的事儿！"刘达想了想问："山东省的省长是谁？"刁俊山说："不知道。"刘达让刁俊山马上去查，查到后，刘达立即给山东写信，然后让刁俊山发出去。不久，这个工人的侄女就被解救出来了。这个工人不知道怎样感谢刘达才好，刁俊山说："你当面谢谢刘达吧！"

1988年中国科技大学举办30周年校庆，邀请刘达、严济慈、郁文参加，他们就从北京一起坐火车到合肥。到那里也是一大群老师、干部围着他跟他聊天。在去合肥的火车上遇到熟悉他的学生，过来问他："您还认识我吗？我是XX学校XX系的学生。"刘达只是点头，却记不起他们是谁了。

1984年11月20日刘达同志参加国家同步辐射实验室奠基典礼

1989年2月，张永谦与几个科大的校友为刘达祝寿。大家高兴就劝刘达多吃了一些，后来家中儿孙们又为他做寿，他吃了些最爱吃的红烧肉。连吃两天油性大的食物，诱发了胆囊炎。疼得受不了，才打电话给司机革师傅，革师傅把刘达送到了北京友谊医院。第二天，张永谦去探望他的时候故意对他说："老人家，你可不能死，今年咱们要去北戴河玩儿。"刘达说："多少好人都死了，我也要死的。但是这次死不了，北戴河能去。"夏天，在张永谦的陪同下，刘达在北戴河愉快地玩了一周。

初秋，刘达想起好久没有给张腊狗写信了，便找来纸和笔。

自去年六月由长沙因病中辍视察，返京住院治疗，至今已十五个月未给你写信，很对不起。主要是身体不好不愿动笔，看来现在稍有好转所以有精神给你写信。当前重要问题是政策与开放，两者都是为了搞活经济，在农村效果明显，城市就比较困难，物价问题，群众意见较大，南京可能会比北京好一些。北京蔬菜两角以下一斤几乎没有，茄子豆角均在四角以上，萝卜还卖两角五一斤，像我这样高薪的人都感到吃菜困难了，一般工资收入就可想而知了。大家都对十三次党代会抱有希望，但是看来也不容易，有些问题如分散主义、党风不正、无组织无纪律，似乎非一朝一夕可以解决的，要充分发扬民主依靠党员群众才可能逐步生效，你的工作有一个好的主持人是非常重要的，班子当然看主要领导人的情况决定，你应特别注意一句话："人无完人，金无足赤"，这是符合客观实际的，因此再一句话就是"人至清则无徒，水至清则无鱼"，你看到我在人大开会时还不错，实际上我只开两天会就病倒了，本打算十月去江苏看看教育情况，特别是看看苏南富裕地区的教育情况，但现在还很难定下来，主要是身体问题。

"文革"后，东北农学院很多早期的学生，办离休时遇到问题，有很多人找到北京来找刘达，刘达不厌其烦地接待他们。凡是去的，有的处于政策边缘的，可以解决，也可以不解决的，刘达一定帮助解决。建国前学生一入学都是供给制，吃的，穿的，生活用品都是给的。从沈阳招来的学生就有500多人。俄文一、二班原来是学俄语，应该学5年。学了两年俄语的时候，有的学生陆续让教育部调走了。所以这些人是不可以办离休的，为了这件事很多人去找刘达。刘达都认为可以，因为那时候党没有公开，凡是参加革命的，坚持马列主义的就应该帮助他们办离休。

他曾给中国人民解放军兽医大学军事兽医研究所政治部写信。内容如下：

关于王茂成、王明志、赵春真、于永仁、张士雍五位同志参加革命时间问题，应从 1948 年末算起，他们是在当时由新解放的长春沈阳地区被招到哈尔滨东北农学院的兽医系工作和学习的，当时我任东北农学院院长，他们到校后除了学习业务之外从事政治和劳动建校和其他各项工作，当时全部是供给制，参加学习就是参加革命工作，随时准备分配到任何工作岗位去工作，所以理应按参加工作计算。特此证明。

十、革命事业一定能胜利

1989 年，刘达年事已高，为了照顾好刘达，清华大学派党委办公室副主任陈秉中专门负责这件事。陈秉中请了一位刘师傅来照顾他，刘师傅每天早上到刘达家里上班，中午吃在中央党校的食堂。晚上刘达家人回来后他再回家。这样只要刘达出门，刘师傅和司机革师傅就陪他一起出门。

刘达从 1948 年创办东北农学院至今，在五所大学里担任党委书记或校长，但是他没有在任何一所大学里要一套房子，只是住在中央党校汪琼分的十几平米的宿舍里，所以刘达洗澡就成了问题。一次他在洗澡的时候，躺在浴缸里出不来，急坏了刘师傅。后来大家想办法，在浴缸里放一个板凳，先让他坐在板凳上，又找来两个年轻人把他抬出来。陈秉中知道后，就每周安排司机革师傅和刘师傅把刘达接到学校浴池来洗，刘达不想麻烦大家，叮嘱大家不要专门给他准备房间。陈秉中就安排招待所，只要刘达来洗澡，就给他找空房间，让他休息，刘达才答应。一直到刘达去世，刘达的洗澡和生活都是清华大学负责的。

清华大学只为刘达配了专车。李传信当党委书记的时候讲，清华的校领导都不配专车，这个传统一直延续到现在。

一次，刘达在办公室，看见陈秉中他们在凑份子，就问："你们要做什么？"陈秉中说："我们党办小凯要结婚了，我们给他凑份子。"刘达拿出五十元钱，说："我也凑一份。婚礼什么时候开始？"陈秉中告诉他哪天后，安排那天派车接他。那天晚上小凯的婚礼特别热闹，因为刘达来参加婚礼，方慧坚、李传信等校领导都来了，大家都说："小凯，你在党办级别是最低的，但是你的婚礼是级别最高的。"

刘达对下属和学生有着特殊的感情。谁工作有困难，生活有困难，他都尽量帮助解决。有一次，一个原在黑龙江工作的日本籍干部的女儿来找他，这个女孩的母亲（即这位日籍干部）1977年回日本探亲，回来时带了一笔日元。海关工作人员要她存在海关，用时来取，但是她不知道存放时兑换成人民币。1990年，她去取钱时。由于汇率变化，损失很大。她让女儿来找刘达。刘达认为，海关处理这事时，是依据当时政策，无可非议，但这事造成的损失太大，个人无力承担，应从实际出发，酌情处理。为这件事，他跑了多天，终于圆满解决。

　　刘达任全国人民代表大会常务委员时，常与严济慈在会上见面。他总觉得在会上见面谈不了几句话，就经常去严济慈家里去访谈。他对严济慈非常尊重，曾题赠严济慈一幅字：科学之光。严济慈也题赠刘达一幅字：老骥伏枥。1990年以后，两个人年纪都大了，刘达仍定期去看望严济慈。两位老人见面之后都很高兴，但是因年事已高，说不了太多的话，二人就相对而坐，相视而笑，在无言中交流真挚的情感。每当刘达告别时，严济慈总是一直送到大门口。

严济慈为刘达同志题字

　　张腊狗几次想变动工作都征求刘达的意见。1990年国家计量总局曾想调他到中国计量学院当党委书记。刘达说："你这个人，性格比较直，工作方法比较简单，不适合去学校跟知识分子打交道。"

1991年，张腊狗又有一次调国家技术监督局工作的机会。刘达说："一，北京很大，你到国家局不如地方工作锻炼大；二，你家庭很困难，粮票不够用，我支持你，钱不够用，我是不能给你的，我想你还是在地方局工作吧。"

1993年，张腊狗想调往上海工作，因为其爱人陆宗伟老家在上海。刘达说："上海不适合你，你这个人比较粗犷，适合到大海边或有草原的地方工作。"

1994年4月中旬，刘达再次发病，打电话到清华大学，陈秉中安排人把他送到医院，开始诊断是心梗，后来诊断是大面积细菌性肺炎，不能吃东西。陈秉中看刘达的肺管上插呼吸机非常受罪，问他："你还认识我吗？"刘达点点头，握着她的手不撒开，似乎在感谢这么多年来大家对他的照顾。

"文革"中很多年轻人都犯了很多错误。"文革"后，整倒这些年轻人那是很容易的，但是刘达没有记个人恩仇，正确对待这些同志。"文革"中反刘达、"文革"后受到刘达关照的黄英达经常带夫人去看望他。刘达临去世前一个星期，黄英达去他家里看望他。黄英达临走时，刘达举起了胳膊，攥起拳头，虽然他不能说话了，但是黄英达能够感觉到他在说："革命事业一定能胜利！"

1994年4月28日这天，北京城下起了小雨，雨水从房檐上滴落下来，像一串串冰凉的眼泪。医院的病床上，一位为国家为人民鞠躬尽瘁的老人轻轻地闭上了眼睛。

5月11日，党和国家领导人朱镕基等和刘达的生前好友、有关部门负责人、清华大学的师生代表及社会各界人士共400多人来到八宝山革命公墓，怀着极其沉痛的心情为中国共产党的优秀党员、忠诚的共产主义战士、知名教育家、第六届全国人民代表大会常务委员会委员、清华大学的名誉校长刘达同志送别。

送别仪式在八宝山革命公墓大礼堂举行。礼堂正墙的中央悬挂着刘达同志的遗像。黑纱衬托的横幅上写着"刘达同志永垂不朽"。刘达的遗体安卧在鲜花和翠柏中，身上覆盖着中国共产党党旗。

第六届全国人大常委会委员长彭真，原中共中央政治局常委、清华老校友姚依林、宋平，党和国家领导人朱镕基、胡锦涛、李岚清等向刘达同志敬献了花圈。献花圈的还有国家教委、北京市委、北京市政府、中科院、中央党校、哈尔滨市委和市政府、部分兄弟院校等80多个单位和130多位个人。

中共中央政治局常委、国务院副总理、清华大学经管学院院长朱镕基，原全国人大副委员长严济慈、原全国政协副主席刘澜涛、国务院有关部门的领导同志参加了送别仪式。

前来向刘达送别的还有：何东昌、刘冰、滕藤、艾知生、陈舜瑶、胡启立、汪家镠、贾春旺、张孝文等曾在清华大学工作过的老校友、老领导，清华大学校长王大中、党委副书记方惠坚等校领导和师生代表，有关方面负责人和部分老同志，刘达的老战友和生前好友，以及东北农业大学、东北林业大学、中国科技大学、北京联大自动化工程学院等单位的代表。

送别仪式后，刘达的遗体由亲属护送，在八宝山革命公墓火化，骨灰安放在八宝山革命公墓。

1996年4月，清华大学编写了《刘达纪念文集》，书名是朱镕基题的字。他还写了一封信给清华党办说：我是不题书名的，但是当年是刘达同志请我当清华大学经管学院的院长。所以，为了纪念刘达，我为他题书名。

2004年12月，东北农业大学为刘达同志塑铜像一尊，安放在图书馆二楼大厅。

2008年8月，东北农业大学又为刘达编写了这部传记。

2004年12月，东北农业大学为刘达同志塑铜像

附录一 刘达论文选

高教改革与探索 *

我国的教育事业在建国初期是进行过改革的，那次改革对促进我国高教发展，建立新的系科起了一定的推动作用。但那次改革也是有很大缺点的，主要是：用某一种模式来衡量过去的教育，不合这个模式的都加以否定，因此对以前的教育否定过多，照顾我国的历史情况不够，对文、史、法、经等未予以应有的重视，以致现在国家这方面现代化建设急需的人才十分缺乏。总之带有一定盲目性。我们现在进行高等教育改革应当吸取那次的经验教育。

当前多数重点大学都存在以下问题：

（一）各类人员过多，不仅浪费了人才，而且加重了学校负担。

（二）由于十年内乱造成教师队伍年龄结构不合理，多数老教师的知识、年龄都有点老化，而这几年新培养起来的年轻大学生、研究生，由于学校超编和其他某些原因，无法留在学校里工作，造成改革教师队伍的困难。

（三）有关领导部门管得太死，无论财务、对外交流、教务、人事具体工作都要事先得到批准。

（四）我们现在基本上还是沿袭战争年代各阶段的教学办法，对学生一切均包了下来，因此后勤人员过多，事务繁重，对学校领导是个沉重负担。

以上几个问题都不是仅靠学校自己所能解决的。当然学校本身工作也有不少问题有待改革，如，专业划分得过细；学生上课时间偏多；讲得过细，不利培养学生独立思考；实践环节不够，动手能力有待到工作岗位去锻炼等等。

教育改革是个很复杂的问题，它和社会改革——国家人事体制、财政体制、工资体制以及行政体制的改革联系在一起，不是孤立的。只有几所高校教育改革是有很大局限性的，没有多大的活力。

＊ 本文发表于 1985 年 1 月 21 日《北京日报》。

1977 年，我刚去清华大学时，就发现教职工有 9300 多人，而学生才 7800 多人，我向小平同志汇报，小平同志说："这就说明问题了，学校不能这样办下去，也办不下去。用不着的人，可以列为编外。"可是，我们对这样一个重要问题还认识不足。虽然这几年清华大学人员分流出了一千多人，但还是超编。清华现有各类教学人员 3500 多人，按各类学生 15 000 人平均，每个教学人员只教四名学生，比例仍不理想，人员还有不少浪费。

目前高等院校的领导，不少同志不能把主要精力放在加强学生和教职工政治思想工作和教学、科研的组织领导上，这种状况必须改变，办学方式必须改革。

当前大学的主要办学方式是把学生的一切全包揽下来。一所大学就是一个不小的社会，无所不有，从幼儿园、小学、中学到食堂、商店、医院设施等日常生活必不可少的服务应有尽有，有什么就要管什么。应当改变这种方式，给高校领导减去这些并非必要的负担，使他们能集中力量抓教学、科研和政治思想工作。

应该把这些生活服务的工作交给社会，将学校主要领导的精力从大量的生活服务工作中解脱出来。

提高教育质量应当是教育改革的首要目标。要十分注重学生自学能力和独立思考能力的培养。

要提高学生分析问题和解决问题的能力。现在专业分得过细，应当合并。每一所高校应有自己的主力学科系，不宜平列一大片，这样才能形成特色。基础知识一定要宽一些并学得扎实，使学生具有开拓新知识领域的能力。更要扩大学生的视野，把他们带进社会，深入到实践当中去。清华大学的实习工厂可容纳两千名学生实习，这种条件是少有的，但这还是很不够的，应当充分利用社会的大课堂，工厂、矿山、农村、林场、牧场……都应当欢迎学生去实习，这些地方也有为国家培养人才提供必要条件的义务。

要提高学生科学实验的技能。首先实验室一定要建设好。应当比生产部门先进，特别是基础实验室如物理、化学、电工、电子等。应该由学生自己设计实验的全部过程，自己动手安装调试一般实验设备、仪器，根据实验数据进行实际的、科学的分析，写出实验报告。实验室应该开放。充分发挥作用，清华大学有近 80 个实验室，但水平不算很高，这对培养新一代技术人才很不利，因此也不能说明利用得很充分。应当花一些钱，将大学的实验室装备起来，这是值得的。

要提高学生的现代计算技术能力。要注意在各门学科中开展计算机的应用。目前清华大学一个学生五年之内总上机时间仅为 40 个小时，还是太少，应当增加计算机房、计算中心的开机时间，每天至少工作 16 小时，最好是 24 小时，提高它的利用率，为国家节约资金。

要提高学生的外国语能力。有的同志曾设想，学生大学毕业后外语水平最好达到外国语学院毕业的水平。这个要求是正确的，也是非常重要的。但是目前由于师资水平低，中小学外语的基础差，还无法达到这个要求，应力争逐步地达到。为此应在其他业务课程中广泛开展外语教学，在某些专业课的部分章节用外语教材，指定外语参考书等办法提高外语水平。但是我认为这还不是提高外语的最好办法。根据多年经验，到大学才开始学外语是很难学好的，外语必须在入大学以前基本学好。为此必须考虑从小学开始学习外语，到高中毕业，多数可以过关了。

总之，我们应当要努力改进培养方法，调整知识结构，使学生具有主动获取知识的能力，在已有知识的基础上勇于创新的能力以及组织管理能力。

提高教职工队伍的思想素质和业务素质是教育改革的关键。

提高两个素质，师资队伍就应当处于动态结构，也就是人才要流动，知识要更新。我认为高等学校教师不应当是"终身制"、"铁饭碗"，更不应当吃"大锅饭"。各级教师，特别是讲师以上的教师应当改为聘用制，学校校长应有聘任和解聘教师权，同时教师在聘期届满后有辞职权。国家应当采取必要的措施促进人才流动。目前大的中心城市某些高校人才积压是个很大的浪费，应采取行政和经济的措施促使他们向急需他们的地方流动，向边疆和中小城市流动。

对于全国各地区同一技术职称的科技工作者，规定一个统一的工资级别和待遇是值得研究的问题。实际上由于种种主观原因，他们的科技水平和对国家的贡献是不可能完全相同的。一个班的学生往往相差很悬殊，切不可以搞平均主义和论资排辈。大胆提拔奖励优秀分子，同时也是鞭策一般人努力前进。教育部应对大、中学教师的工资只规定一个原则，具体数额校长有权力决定。这对打破大锅饭很必要。应当考虑给予中青年知识分子较现在优厚的工资待遇，让他们有一定的经济余力以解除繁杂的家务劳动，将精力花在教书育人上。这样看来国家是多支出了，实际上收入比现在更高。我们必须算大账。我们一定要提高知识即科学技术的社会价值。现在知识价值行情太低，对于充分发挥知识分子作用、加速四化建设十分不利。

还要注意教师知识更新问题。学术上狭隘就是保守，停滞便是落伍。教师要不断地扩展、更新知识，保持站到本学科的前沿，才是一个合格的教师。因此要十分重视在职教师的进修和提高。在教师队伍调整就绪后，可以考虑实行骨干教师休假出国考察研究的制度。

综上所述，教学改革的任务，就是改革过时的、不符合我国当前情况的办学方法，充分发挥现有的人力和物力，多培养、快培养能在社会主义现代化建设中充分发挥骨干作用的优秀人才。

为此我想，大学教育改革要从以下几个方面来进行：

（一）首先要把人才搞活，人才不能搞单位所有制和部门所有制。为此教师和其他技术人员应当实行聘任制，在聘任书上把职称、工资、工作职责、工作时间很好地定下来，在聘请期满双方可以重新协商，同意后重新聘任。校方可以不再聘，教师也可以不应聘。这样人才就活了。待聘期间原单位应给以必要的生活费用，并协助待聘者找新的工作。

（二）实行工资基金包干制。如全国统一提高工资，工资基金应按比例增加。校长有权支配工资基金和决定教师工资的数额。

（三）指定一部分高校试行授予本校教师正、副教授的职称和决定带博士和硕士研究生的导师，只报教育部备案，如教育部认为不妥可以提出复审和更改。

（四）逐步试行新的高校招生办法，委托少数学校实行考试与园中学负责推荐相结合的办法。一榜定案，不利于选择优秀人才。

（五）学校经费不要管得太死，学校技术服务、生产以及专利等收入不上缴国家，除了奖励发明创造者本人和教研组之外，由校长掌握用于改进学校设备和用于教工生活福利。

（六）高校应实行校长负责制，党委主要任务是保证党和国家方针政策在学校贯彻执行，并对全校师生员工进行政治思想教育工作。

（七）政府机关和社会要积极进行准备工作，争取在 1990 年前能把各大学的生活服务工作逐步接管起来，以减轻学校领导同志的负担。

（八）现代的毕业生分配制度应当研究改进。在校学生根据实际情况，在教师指导下，应允许转系、转专业。

关于高等学校的领导体制，我主张采取党委原则领导下的校长负责制。我从 1948 年起到 1983 年这 35 年中在五个不同学校主持过工作，都是我担任党委书记和校长的职务（在科技大学时郭沫若老校长，实际并不过问具体的工作），我觉得工作起来比较顺利。当然党政工作必须有明确分工，高等院校的党委应当主要保证党的方针政策的贯彻执行，另外就是对教职工和学生进行政治思想教育。而校长在日常教学、科研工作中应当起核心作用，应负主要责任。所以校长的人选很重要，要有必要的科学知识和组织才能，最重要的是要有民主作风，善于团结"一班人"共同工作。为了集思广益，充分发挥主要教授们的作用，还可以投一个校务委员会。它应当是一个咨询机构，不是立法决策机构。

我认为党委不要过多干涉学校具体工作，才能真正做到加强党的领导。监督保证作用和领导作用并不是决定对立的，这主要看校长和书记的水平。是叫党委领导下校长负责制或者说在党委原则领导下校长具体负责，不要叫校长分工负责制。我认为加不加"分工"二字没什么意义，事实上，几个校长之间总得有分工，但校长是个主要负责人，不是几个副校长分工负责，副校长起校长助手作用。

高校的领导体制定下来，才能充分发挥行政领导的作用，使党委从一些具体的行政事务中解脱出来，这样才能真正加强党对高等教育的领导。

附录二 刘达简历

1911 年 2 月	出生在黑龙江省肇源县西乡新站村
1929 年前	新站村国民小学上学
1929 年春	考入黑龙江省齐齐哈尔省立第一师范学校（该校在"九一八"事变后解散）
1932 年	任新站村小学义务教员数月
1935 年	考入辅仁大学中文系学习，同时从事抗日救亡工作，参加了"一二·九"运动
1936 年	加入中国共产主义青年团，同年 5 月加入中国共产党
1936 年	任东北旅平各界救国会联合会、总务部长，兼任东北救亡总汇宣传部工作
1937 年夏	北平中华民族解放先锋队十二区队长
1937 年 7 月	自北平赴延安学习
1937 年 8 月 至 12 月	延安中共中央党校学习
1938 年	由中共中央组织部派往东北局晋察冀分局，从事抗战和开辟抗日根据地的工作，任一分区地委组织部长
1938 年冬	任晋察冀五分区党委秘书长
1941 年冬	任晋察冀五分区党委书记
1943 年春	因实行一元化领导，改任五分区地委副书记兼分区政治部主任，后任地委书记兼政治委员
1944 年冬	调任晋察冀区党委委员兼城市工作部部长
1945 年 8 月	被任命为大同市市委书记兼市长，因入城受阻，未能到任
1945 年 9 月	任中共东北局秘书处处长、北满分局陈云同志秘书
1946 年 4 月	任哈尔滨市委常委、市长，1948 年 4 月改任副市长
1948 年 10 月	创办哈尔滨市东北农学院，任院长、党委书记

1949 年 10 月 至 1951 年 7 月	兼任东北森林总局局长
1955 年 6 月	任中央林业部副部长
1957 年夏	随王震率领中国农业问题考察团（王震任团长，刘达任副团长）赴日本考察
1958 年 2 月	任东北林学院院长、党委书记，中共黑龙江省省委委员
1963 年 5 月	调任中国科技大学党委书记。"文革"期间遭到打击迫害。1972 年恢复工作后仍任中国科技大学党委书记
1975 年 9 月	任国家标准计量总局局长
1978 年 7 月	任清华大学党委书记、革委会主任
1980 年 5 月	率清华大学代表团赴美访问、考察
1982 年 9 月	当选为中国共产党第十二次全国代表大会代表，出席中国共产党第十二次全国代表大会全国代表大会
1983 年 4 月	改任清华大学名誉校长
1983 年 6 月	当选为第六届全国人民代表大会常委委员及科教文卫委员会委员。任六届全国人大常委期间，多次赴贵州、湖南、河北、黑龙江等省考察中小学教育
1986 年 1 月	参加全国人大常委中法友好代表团访问法国
1991 年 2 月	出席清华大学举行的"刘达同志从事革命工作55 年祝贺会"
1994 年 4 月 28 日	因病医治无效，在北京逝世

附录三　参考资料

1. 文字参考资料

刘达纪念文集. 1996. 清华大学《刘达纪念文集》编辑小组. 北京：清华大学出版社

东北农学院校史. 1988. 东北农业大学《东北农学院校史 1948—1988》编写小组. 哈尔滨：黑龙江科学技术出版社

东北林业大学校史. 1990. 东北林业大学《东北林业大学校史1952—1987》编写小组. 哈尔滨：东北林业大学出版社

清华大学九十年. 2001. 清华大学《清华大学九十年》编写小组. 北京：清华大学出版社

刘达同志综合材料. 1968. 张腊狗

科大，你怎能忘记刘达. 2002 – 11. 戴开元，华新民

马维权. 2008 – 04 – 20. 刘达与马忠俊. 生活报

靳闻. 1994 – 05 – 30. 沉痛悼念刘达同志. 新清华

刘达. 1985 – 01 – 21. 高教改革与探索. 北京日报

刘富远. 1958 – 11 – 21. 刘院长在铸工车间. 东北林业大学报，（第3版）

张麒义. 1958 – 06 – 18. 欢迎你们！胜利归来的森林战士. 东北林业大学报，（第1版）

成. 1959 – 05 – 30. 刘院长到帽儿山林场检查工作. 东北林业大学报

1958 – 06 – 02. 欢迎帽儿山返校休假的同志. 东北林业大学报，（第4版）

1958 – 10 – 30. 红专三号炉放出日产4.2吨高产卫星. 东北林业大学报

刘成栋. 1958 – 06 – 18. 谈谈红和专的问题. 东北林业大学报，（第2版）

刘成栋. 1958 – 10 – 24. 全院继续学习党的教育方针讨论教学改革方案. 东北林业大学报，（第1版）

中共东北林学院委员会，1962 – 1 – 25. 关于刘成栋同志在反右倾机会主义斗争中所受到的处分的甄别报告（五稿）

右上角：

附录

刘成栋. 195 - 06 - 25. 勤工俭学 80 天. 东北林业大学报,（第 4 版）

天棐. 1958 - 09 - 30. 红专二号高炉炼出第一炉铁水向国庆节献礼. 东北林业大学报

赵梦瑞. 1984 - 09 - 28. 建院初期的刘达院长二三事. 东北农学院

宋黎. 2008 - 05 - 20. 宋黎回忆一二九运动前后.

http：//202. 118. 27. 118：8080/article. php? articleid = 7428

2008 - 05 - 12. 国共两党第二次合作, 抗日民族统一战线正式形成.

http：//cppcc. people. com. cn/GB/34961/56107/56109/56115/3918726. html）

2008 - 5 - 20. 哈尔滨档案信息网

http：//www. hrb - dangan. gov. cn/2007 - 07 - 07/001653770. shtml

2008 - 8 - 19. 百度百科

http：//baike. baidu. com/view/518053. htm

2. 录音参考资料

2008 - 03 - 15. 北京. 刘冀

2008 - 03 - 16. 北京. 郁晓民

2008 - 03 - 18. 北京. 刘泰，谢沛基，何东昌，方惠坚

2008 - 03 - 19. 北京. 康春华，孙忠智，

2008 - 03 - 20. 北京. 刁俊山，王美旭

2008 - 03 - 21. 北京. 陈秉中，承宪康，张永谦

2008 - 03 - 22. 南京. 张腊狗，陆宗伟

2008 - 03 - 23. 南京. 宣雅静

2008 - 03 - 25. 合肥. 刘祖平

2008 - 03 - 26. 南京. 李春茂

2008 - 03 - 27. 上海. 林克

2008 - 03 - 30. 北京. 王玉民，赵天真

2008 - 03 - 31. 北京. 黄英达，寇连生，华光，江其雄，

2008 - 04 - 01. 北京. 何作涛，张立秉，毛宗英，江建名

2008 - 04 - 03. 哈尔滨. 王金陵

2008 - 04 - 08. 哈尔滨. 刘万中，关凤翔

2008 - 04 - 09. 哈尔滨. 李全，沈南园

2008 - 04 - 10. 哈尔滨. 王文超，李玉

2008 - 04 - 11. 哈尔滨. 张旺，邹宝骧，王士林

后 记

承蒙东北农业大学校长李庆章先生为本书作序，深表谢忱！

2008年3月1日，我接到东北农业大学宣传部部长李岿然的电话邀请，为东北农学院（东北农业大学前身）创始人刘达同志作传。当时，我正准备去哈尔滨参加"哈尔滨天鹅文艺大奖"颁奖仪式，为我的长篇小说《哀怨的丁香》领奖。

3月8日，我来到东北农业大学，开始收集资料。为了赶时间，学校安排几名同志分别到东北林业大学、黑龙江大学和哈尔滨党史办公室帮我收集资料。

关于刘达我几乎是一无所知，在他故后十四年，还能有人为其立传，这也引起了我的极大兴趣。在此之前，我所拿到的资料，仅仅是一本清华大学出版社出版的《刘达纪念文集》。这本书对刘达的少年时光及家庭情况记录较少，特别是刘达在中国科技大学的十三年几乎是空白。为了能让这部书丰盈起来，李部长给了我刘达三子刘冀老师的电话，我便只身飞往北京。

刘冀老师住在中央党校，他不仅给我讲了许多有趣的往事，还让他的夫人包饺子招待我，让人十分感动。

通过刘冀老师，我又找到郁达夫的侄女郁晓民老师。她给了我两个半天的时间，讲了刘达对她的培养、教育、关怀和帮助。讲到动情处，老人掉下了眼泪。

北京的三月，清爽宜人。清华园内绿意融融，四处洋溢着春天的气息。清华大学，是多少学子的梦想，而今我有幸来到这里，寻找刘达的足迹，心情激荡。刘达，这个拯救清华的历史人物，他在这里到底都做了些什么？带着疑问，我直接找到清华大学档案室，负责同志说，虽然刘达的资料已经过了50年，可以解密，但有些资料得请示学校。我想了个办法，请他帮我找到《刘达纪念文集》中为刘达写纪念文章的人。通过介绍，我拜访了何东昌、谢佩基、方惠坚、王美旭、刘泰、康春华、孙忠智、刁俊山、陈秉中、承宪康等与刘达生前共事的前辈。他们说起刘达，都被他那种百折不挠、追求真理的精神所感动！特别是何东昌先生，他病得很重，但是听说我的来意，竟在家人的陪护下与我长谈一个小时。

我在清华校园里不停地奔走，寻找搜集资料。每当我找到新的线索和资料，都兴奋得想放声歌唱。

在党办采访陈秉中老师时，她说：听说你要采访刘达，我昨晚做了一夜关于刘达的梦。刘达晚年病得很重，可他依然关心教育，关心清华。

陈老师向我推荐了被刘达昵称为半个儿子的张永谦。我到张老师家时已经是下午四点了。他说：我对刘达的了解都在我的文章里了，你看文章就行了，我可以帮你找一些人。于是，他打电话给原中国科技大学的寇连生，请他安排我到中国科学院研究生院对了解刘达的人进行采访。因为我当时已经订了去南京的机票，只好与他们约定从南京采访之后再返北京。

我在南京待了三天，刘达最赏识的学生张恒烈（张腊狗）和他的妻子陆宗伟热情地接待了我。张老师说："我认为你们东北农业大学做了一件非常有意义的事儿！"还说："要说刘达三天三夜也说不完。"我笑着说："您慢慢说，您啥时候说完，我啥时候走。"老人讲到刘达在"文革"期间受迫害时，两眼一红，哭出声音来。

第二天张老师告诉我，南京有一位与刘达共事过的同志叫宣雅静，合肥有一个保刘达的学生叫刘祖平。

下午，我约宣雅静老师在她家见面。宣老住在原国民政府院内。庭院深深，古木参天。在宣老住的楼前，85岁的她拄着拐杖站在春风里，看见我过来，用不太流利的普通话问："你是虹静吗？"我立即迎上去。宣老热情地把我接到家中，说起刘达，她激动地说："我这条命就是刘达给捡回来的。"

从宣老家出来已经是下午四点多了，她下楼送我，一直看着我钻进出租车才转身离去。我望着她的背影，回味着她对我讲的话，刘达的音容笑貌在我的脑海里越来越清晰了。

合肥是一个喧哗的城市，虽然陌生却让我感到亲切。刘祖平老师亲自开车接我，他说："我是从来没有接过别人的，我接你是为了刘达。"

走在中国科技大学的校园里，寻找刘达先生留下的足迹，感悟着一位刚直不阿的老人所经历的风风雨雨，敬仰之情油然升起。

回到南京后，我买了火车票去上海，拜访复旦大学的林克先生，他曾和刘达一起在清华大学工作过。提起刘达，他想起了刘达自带工作午餐，还把鱼给他的女儿吃。时过若许年，刘达的这样一些生活细节，依然鲜活地浮现在林老记忆中。人所经历的事情，正是因为想起某个铭刻在记忆中的人，而变得生动起来。

由上海返回北京，在中国科学院研究生院，我采访了华罗庚之子华光，以及曾和刘达一起工作过的何作涛、王玉民、江其雄、毛宗英、张立秉、黄英达等几位老师，他们不仅为我提供了宝贵资料，还提供了新的线索。我便往合肥再次打电话，请刘祖平老师帮我找到了江建铭老师，江老师答应给我写一篇关于他与刘达的文章。

夜黑下来了，我的两支录音笔都录满了，寇连生老师帮我把采访录音刻录在光盘上，还请我和张永谦、张立秉两位前辈吃烤鸭。他们说："我们都是为了刘达，能有人为刘达写本书，我们都非常高兴。"

回哈尔滨之后，我又采访了东北农学院、东北林业大学、黑龙江大学的几位老先生。在采访92岁的王金陵、93岁的邹宝骧时，他们很激动，都说刘成栋是个说真话、做实事的好领导。

我在搜集资料的过程中，深受各位老师对刘达那份情谊感染，感到责任重大，由一开始的兴奋变成了一种无形的压力，这种压力促使我全力把这部书写得真实丰满。

4月13日李部长对我说："虹静，你必须动笔了。"

4月15日我便开始对搜集来的文字和录音资料进行整理。我按照李部长的要求，对这部书没有进行渲染，只是把刘达一生所做的一些事、说过的一些话呈现读者。

刘达少年立志，学生时期深受爱国思想影响，积极参加爱国救亡运动。在抗日战争期间，他坚决执行我党的抗日救国统一战线政策，发动群众进行"反扫荡"、"反蚕食"、"反摩擦"斗争，为创建雁北抗日根据日夜忙碌。

日本投降以后，刘达被党中央派往东北，参加巩固东北根据地的工作，并被任命为哈尔滨第一任市长。为了把哈尔滨管理好，他全身心地投入了巩固和建设政权、发展生产、支援解放战争的工作，为我党制定城市工作政策积累了宝贵的经验，为夺取解放战争的胜利作出了重要的贡献。

1948年起，刘达创建了东北农学院、东北林学院。历任东北农学院、东北林学院、黑龙江大学、中国科技大学、清华大学五所大学主要领导。在他从事教育工作的岁月里，在政治运动中他受到一次又一次的迫害，但他始终坚持实事求是的原则，不畏艰险，呕心沥血地忘我工作，以坚定的共产主义信念，全心全意地为人民服务。

桃李不言，下自成蹊。刘达担任全国人大常委期间时，不顾体弱多病，不辞艰辛到百余个城镇和乡村中小学进行调研，为发展我国的基础教育提出宝贵的建议。

刘达的一生，是为祖国、为人民、为共产主义事业鞠躬尽瘁的一生；是坚持实事求是，敢于创新，不唯书，不唯上，为党，为人民无私奉献的一生！

刘达同志逝世多年了，但是他的精神却永远地活在我们的记忆里！

虹　静

2008 年 6 月 6 日

责任编辑：许运娜
封面设计：无极书装
版式设计：文思莱

图书在版编目（CIP）数据

不弯的脊梁——著名教育家刘达传/ 虹静 著．
—北京：人民出版社，2008.9
ISBN 978－7－01－007270－8

Ⅰ. 不…　Ⅱ. 虹…　Ⅲ. 刘达（1911~1994）-传记　Ⅳ. K825.46

中国版本图书馆 CIP 数据核字（2008）第 134718 号

书　　名：**不弯的脊梁——著名教育家刘达传**
拼　　音：BUWAN DE JILIANG——ZHUMING JIAOYUJIA LIUDA ZHUAN
作　　者：虹　静
出版发行：人民出版社
地　　址：北京朝阳门内大街 166 号　　100706
网　　址：http://www.peoplepress.net
邮购地址：北京朝阳门内大街 166 号人民东方图书销售中心 100706
邮购电话：010-65250042，65289539
印　　刷：北京集惠印刷有限责任公司
经　　销：新华书店
开　　本：710mm×1000mm　1/16
字　　数：200 千字
版　　次：2008 年 9 月第 1 版　　2008 年 9 月第 1 次印刷
印　　张：12.5
书　　号：ISBN 978－7－01－007270－8
定　　价：25.00 元